Werte Leserschaft,

eine Genussregion in einem Buch – geht das? Wenn ja, wie – und warum machen wir das überhaupt? All diese Fragen sind uns vor gut zwei Jahren durch den Kopf gegangen, als das zarte Pflänzchen der Idee einer Publikation über das neue immaterielle Kulturerbe zu wachsen begann und wir uns überlegten, wie man so viele Höhepunkte in einem so kleinen Medium wie einem Buch unterbringen kann.

Das Vorhaben schlug Wurzeln, entwickelte Blätter und strebte der Sonne entgegen, sprich der Umsetzung und der Veröffentlichung. Zwölf Monate später war es soweit, aus der Idee war ein guter Plan geworde[illegible] und wir machten uns ans Werk. Doch [illegible] breitete sich ein neues Virus in der [illegible] und brachte gerade alle Genussbe[illegible] zum Stillstand. Da standen wir nun, [illegible] Restaurants, Straßen ohne Menschen, [illegible] feinsten Speisen verpackt in Styropor und Plastiktüten. Ganz zu schweigen von unseren Gesprächspartnern – Fassungs- und Sprachlosigkeit begegneten uns. Es stand nur eine unbeantwortete Frage im Raum: Geht es weiter?

Im Sommer hatte sich die Lage entspannt, und die Antwort auf die Frage schien für die meisten klar mit „Ja" beantwortet zu werden. Wir nahmen unsere Arbeit also wieder auf und vollendeten das Werk. Mitten im Redaktionsschluss kam dann allerdings die Botschaft von der erneuten Schließung der Gastronomie. Die Frage war wieder da. Auch wir überlegten: Können wir dieses Buch jetzt veröffentlichen, wo ein Großteil der vorgestellten Betriebe direkt oder indirekt vom aktuellen Geschehen betroffen ist?

Nach einigen Gesprächen mit den Mitgliedern war klar: Ja, wir können und wir müssen. Denn gerade in einer Zeit wie jetzt ist es wichtig, dass unsere oberfränkische Genusskultur nicht vergessen wird. Ganz im Gegenteil: Die Freude am Genießen, an der Lebensart, an der Kultur – das ist es, was uns ausmacht. Deshalb haben wir neben den vielen Portraits der Mitgliedsbetriebe auch viele Rezepte in das Buch eingewoben, um Ih[illegible]ich zuhause die Möglichkeit zu [illegible]en oberfränkischen Genus[illegible] versprechen Sie un[illegible]glich, genießen [illegible]ir und die Le[illegible]iches mit jedem [illegible]k und jedem Bissen [illegible]ie jedem, wie schön es [illegible]ken ist!

[illegible]en schon jetzt vielen Dank und wün[illegible]n viel Freude und Genuss, **das Guide-Media-Team:** Jofrey Kollmann, Frank Märzke, Nicole Schramm und Benjamin Strüh

sowie
Ihre Autoren und Herausgeber
Bastian Böttner & Markus Raupach
GuideMedia Verlag, Bamberg

Liebe Leserinnen und Leser,

Sie halten die erste Ausgabe eines besonderen Buches in der Hand: Der Genussatlas Oberfranken erscheint in einem historischen Moment. Die Corona-Pandemie und die damit verbundenen Einschränkungen stellen die gesamte Lebensmittelbranche vor gewaltige Herausforderungen. Während Gastronomen aufgrund der Betriebsschließungen um ihre Zukunft bangen, profitieren Direktvermarkter und Metzgereien davon, dass nicht wenige Menschen sich wieder mehr Zeit zum Kochen nehmen und dabei auf hochwertige Lebensmittel zurückgreifen.

Die Genussregion Oberfranken ist stolz auf ihre weltrekordverdächtige Vielzahl von Brauereien, Bäckereien und Metzgereien. Diese Betriebe arbeiten nach handwerklichen Prinzipien und halten traditionelle Rezepte lebendig. Mehr als 320 regionaltypische Spezialitäten haben wir in Oberfranken. Unsere Landwirte stellen die Rohstoffe dafür in hoher Qualität her, unsere Handwerker veredeln diese zu köstlichen Speisen und Getränken, und die Gastronomen bieten lebendige Wirtshauskultur.

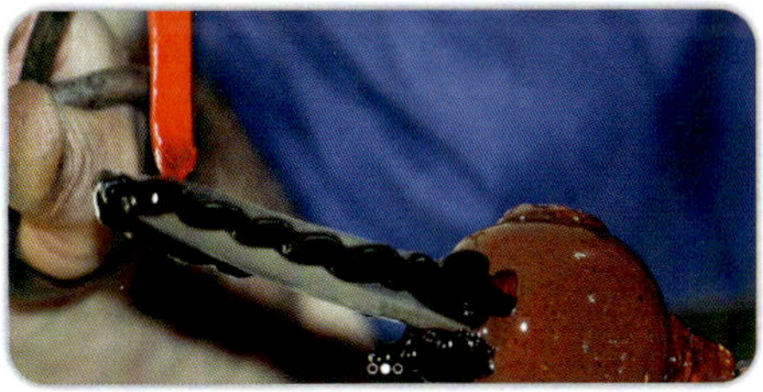

Immer mehr Menschen wollen diese Lebensmittel nicht bloß verbrauchen, sondern sinnlich erleben. Das Interesse an der Herstellung und den Produzenten wächst, ebenso der Wunsch, die spezifische Qualität vor Ort erfahren zu können. Weil das durch und durch analoge Motive sind, haben wir den Genussatlas in Buchform gemacht: Hier können Sie nach Lust und Laune blättern, zwischen unseren Mitgliedsbetrieben, touristischen Genusserlebnissen und den kulinarisch inspirierten Genusstouren durch die neun oberfränkischen Landkreise. In diesem Sinnen wünsche ich Ihnen viele Genussmomente in Oberfranken!

In diesem Sinnen wünsche ich Ihnen viele Genussmomente in Oberfranken!

Norbert Heimbeck
Geschäftsführer Genussregion Oberfranken e.V.

Kontakt
Verein Genussregion Oberfranken e.V.
c/o Oberfranken Offensiv e.V.

Antje Bauer (Dipl.-Geographin)
Maximilianstr. 6, 95444 Bayreuth
Tel.: 0921-5070849-15
Fax: 0921-52524
Mail: bauer@oberfranken.de

Norbert Heimbeck (Geschäftsführer)
Landratsamt Kulmbach
Konrad-Adenauer-Str. 5, 95326 Kulmbach
Tel.: 09221-707115
Mobil: 0170-1601929
Mail: n.heimbeck@genussregion-oberfranken.de

www.genussregion-oberfranken.de

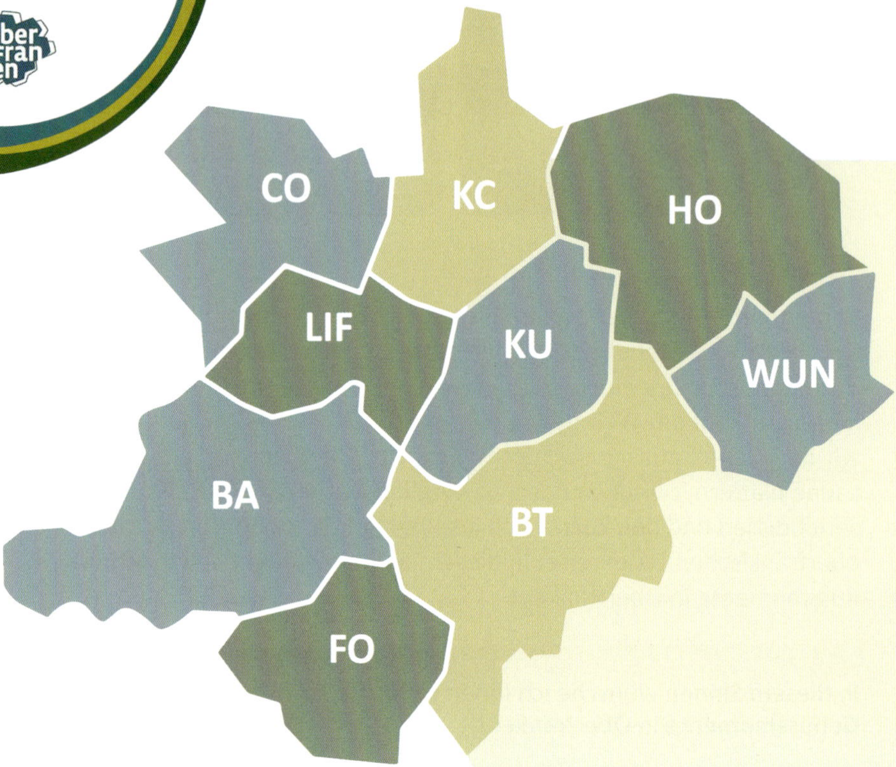

Unser Oberfranken

Die Vielfalt Oberfrankens ist sprichwörtlich: Geschichte, Brauchtum und Tradition haben über die Jahrhunderte Regionen, Landschaften und Menschen geprägt. Dies spiegeln auch unsere kulinarischen Spezialitäten, die den besonderen Charakter unserer Region typisch hervortreten lassen.

Das Buch ist alphabetisch nach Städten/Landkreisen eingeteilt. Die Nummern entsprechen der Seite auf der die Rubrik beginnt.

Weitere allgemeine Inhalte

Rezepte und Spezialitäten

ÜBERSICHT REZEPTE & SPEZIALITÄTEN IN DIESEM BUCH

Die Nummern entsprechen den Seiten im Buch

Weltmeister in Sachen Genuss, Qualität und Vielfalt – die Genussregion Oberfranken stellt sich vor

Wir haben Oberfranken mit Regionen in aller Welt verglichen und festgestellt: In Sachen Genuss halten wir gleich mehrere Weltrekorde. Gemessen an der Einwohnerzahl – denn nur so kann man unterschiedlich große Regionen vergleichen – gibt es in Oberfranken die meisten Bäcker- und Konditoreien, die meisten Metzgereien und die meisten Brauereien der Welt.

Und das ist noch längst nicht alles: Wir Oberfranken haben auch die meisten Brennereien und Mühlen, das größte Süßkirschen- und Meerrettichanbaugebiet Europas, die meisten Teichwirte, den ältesten archäologischen Brauereifund Deutschlands, ein oberfränkischer Metzger hat das Wiener Würstchen kreiert, Landwirte in Pilgramsreuth haben die ersten Kartoffeln im Land angebaut und ein kreativer Koch hat vermutlich auch den Kloß erfunden.

Regionalität, Qualität und Genuss – dafür sorgen unsere landwirtschaftlichen Familienbetriebe, unsere Bäckereien, unsere Metzgereien und Brauereien, unsere Veredelungsbetriebe und unsere Gastronomie. In Oberfranken können Sie mehr als 320 regionale Spezialitäten und Gerichte genießen. Außerdem finden Sie hier über 200 besondere Orte, an denen Sie die Genussregion Oberfranken unmittelbar erleben können. Oberfranken ist die erste Region Deutschlands, die ihr kulinarisches Erbe vollständig erforscht hat. Darauf sind wir stolz! Die UNESCO hat diese Arbeit gewürdigt und uns als Gutes-Praxis-Beispiel in die Liste zum Erhalt des immateriellen Kulturerbes aufgenommen.

Und noch eine Besonderheit macht uns stolz: Zu seinem hundertjährigen Bestehen hat der Freistaat Bayern im Jahr 2018 insgesamt „100 Genussorte in Bayern" prämiert – davon liegen prächtige 23 in Oberfranken. Wir sind damit auch offiziell der Bezirk mit den meisten Genussorten Bayerns!

Um den kulinarischen Reichtum bekannt zu machen, wurde im Oktober 2007 der Verein Genussregion Oberfranken gegründet, ein Netzwerk von Produzenten, Experten und Institutionen aus allen Lebensmittelbereichen. Zudem haben wir seit dem Jahr 2014 rund 100 Genussbotschafterinnen und Genussbotschafter ausgebildet, die Gästen und Einheimischen die Spezialitäten der Region vermitteln.

Kernstück des Serviceangebots ist das hochwertige regionale Qualitätssiegel „Genussregion Oberfranken". Spezialitätenanbieter, die dieses Siegel nutzen wollen, unterziehen sich einer intensiven Qualitätsprüfung, die dem Kunden Vertrauen in die Wertigkeit unserer Produkte vermitteln soll. Glaubwürdigkeit steht daher an erster Stelle. Dafür wurden Qualitätsstandards für die jeweiligen Lebensmittelbranchen entwickelt. Jeder Produzent unterzieht sich einer Regionalitätsprüfung, bevor er als Mitglied in den Verein Genussregion Oberfranken aufgenommen wird. Die Zertifizierung wird alle drei Jahre durchgeführt. Zertifizierungen anderer Institutionen und Verbände, die ein Lebensmittelproduzent bereits durchlaufen hat, werden bei der Vergabe des Qualitätssiegels berücksichtigt, um den Aufwand für die Betriebe möglichst gering zu halten.

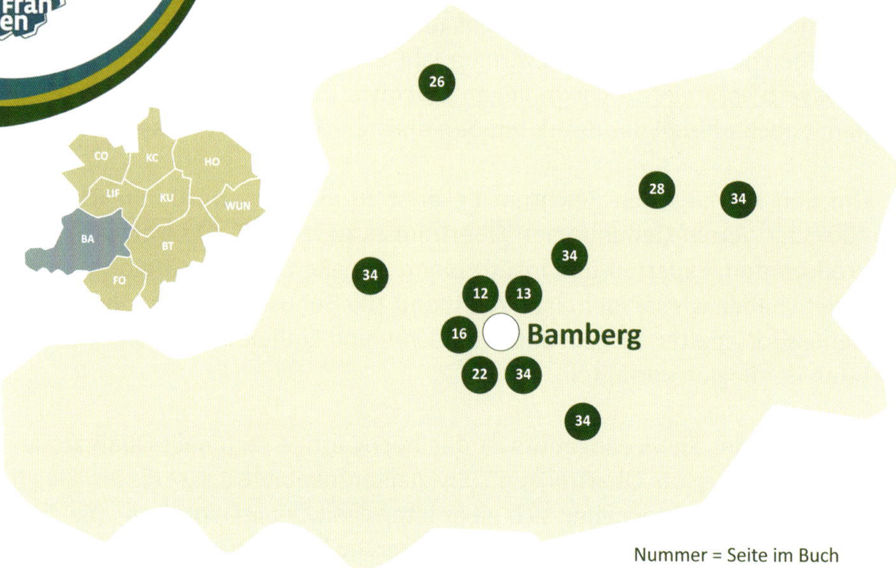

Mit Hörnla und Toskana

Bamberg als Weltkulturerbestadt hat viel zu bieten, nicht nur fürs Auge und die Ohren, auch für den Gaumen! Eine in Franken einzigartige Dichte an Kneipen, Restaurants und Brauereien garantiert abwechslungsreiche Abende voller neuer Genusserfahrungen. Mit seinen Spezialitäten wie dem doppelten Bamberger Hörnla, dem Bamberger Wirsing und der Bamberger Zwiebel hat sich die Stadt zudem den Titel als Bayerischer Genussort gesichert. Einen solchen Erfolg kann auch das Bamberger Land aufweisen. Hier hat es die Initiative „Fränkische Toskana“ mit ihrem 13-Brauereien-Weg in das Verzeichnis geschafft. Stramme Wanderer schaffen die knapp 35 Kilometer an einem Tag und nutzen die genannten 13 Brauereien zur Stärkung und natürlich zum Genuss der Bamberger Spezialitäten.

Anbieterportraits Bamberg Stadt & Land

Spezialitäten, Rezepte und Genusstour

fischer BAMBERGER WURSTMACHER SEIT 1927

LIEBOLD'S LEBERKÄS SEIT 1897

Heißer Bamberger Ofenleberkäse

Fischers Dosenfestival/ Liebold's Leberkäs

Berühmt für unvergleichlichen Leberkäse!

Das Alte Rathaus, Klein Venedig, der Dom und das Leberkäsbrödla vom Liebold – das gehört für viele zu jedem Bamberg-Besuch dazu. Seit 1897 gibt es die Metzgerei Liebold in der Oberen Sandstraße 10 in Bamberg. Berühmt ist vor allem der Leberkäse. Jung und alt, Touristen genauso wie Einheimische pilgern in die typisch fränkische Metzgerei für „a Brödla". Um die Rezeptur macht Thomas Liebold ein Geheimnis: „Einmalige Familientradition – gibt's nur bei uns! Nur soviel: In Italien macht man aus den Grundzutaten Parmaschinken."

Wer will, kann den Leberkäse aber auch daheim aufbacken – in der Dose. Dafür arbeitet Liebold mit der Bamberger Metzgerei Fischer zusammen. Deckel auf, rein in den Ofen und beim Rausbacken zuschauen. Seit neuestem gibt es neben den klassischen Geschmacksrichtungen auch eine vegetarische Variante. Ohne Konservierungsstoffe (außer Pökelsalz) ist das Produkt sechs Monate haltbar. So schmeckt Bamberg auch daham.

Kontakt

Jäckstraße 33, 96052 Bamberg
Tel.: 0951-3093000
Fax: 0951-309300200
Mail: info@frischer-fischer.de

www.dosenfestival.de

Öffnungszeiten

Leberkäse-Direktverkostung:
Metzgerei Max Liebold
Obere Sandstraße 10
96049 Bamberg

Mi bis Fr	10.00 – 17.00 Uhr
Sa	10.00 – 14.00 Uhr

Bäckerei Seel

Bäckerei Seel

Die Bäckerei mit dem Reinheitsgebot

Die älteste Bäckerei Bambergs wurde 1427 erstmals urkundlich erwähnt. Seit 110 Jahren backt und kreiert hier die Familie Seel authentische Backwaren und Leckereien in der hauseigenen Konditorei nach einem selbst aufgelegten Reinheitsgebot. Alfred Seel: „Auf jedes unserer zehn Reinheitsgebote können Sie sich berufen, denn die Wahrung althergebrachter Back- und Handwerkstraditionen und das Erbe historischer Rezepte sind für uns ein Vermächtnis, das wir gerne annehmen, täglich pflegen und an die nächste Generation weitergeben." Insbesondere das 8. Gebot, der Verzicht auf industrielle Teiglinge, kommt dem Geschmack der Brote zu Gute, die mit selbst gezogenem Natursauerteig hergestellt werden. Auch im Süßgebäck und den Kuchen, die täglich durch Carolin Seel in der Konditorei entstehen, stecken nur seelsche Füllungen oder frisches Obst. Genießen Sie diese Leckereien am besten mal mit Muße im Café Hörnla.

Kontakt

Lugbank 8, 96049 Bamberg
Tel.: 0951-57985
Fax: 0951-57995
Mail: info@baeckerei-seel.de

www.bambergerhoernla.de

Öffnungszeiten

Mo bis Fr	5.45 – 18.00 Uhr
Sa	5.45 – 17.00 Uhr

Bamberger Hörnla (Backware)

Buttermürber Halbmond

Bamberger Hörnla (Hörnchen) gehören in der alten Kaiser- und Bischofsstadt Bamberg zum alltäglichen Kulturgut. Sie waren schon immer Leidenschaft der Bamberger Bevölkerung und der heimischen Bäcker und sind es auch heute noch!

Der Überlieferung nach stammt das „Hörnla" aus Wien und gilt als Symbol für den Sieg über den türkischen Halbmond in der großen Schlacht am Kahlenberg 1683. Tatsächlich wurden in Bamberg aber schon rund 250 Jahre früher Hörnchen gebacken. So ist im frühen 15. Jahrhundert ein Pfister (Bäcker), genannt Götze Hornlein (= Hörnlein), in der Königstraße 9 zuhause. Gerade in dieser Zeit fallen Familiennamen oftmals mit der ausgeübten Profession zusammen, so dass wir wohl annehmen können, dass wir es hier mit einem Bamberger Hörnchenbäcker zu tun haben. Auch im Bamberger Stadtbuch wird für das Jahr 1483 auf einen Cuntz Zink, Hörnleinsbeck, hinter St. Martin (wohl Fleischstraße 59) verwiesen. 1496 wird schließlich ein weiterer Hörnleinsbeck in der Austraße erwähnt.

Kurzinfo

Gewicht: 60 bis maximal 75 g
Form: sichelförmig mit sich stark verjüngenden Enden
Farbe: goldbraun
Geschmack: unglaublich, unvergesslich, mit einem deutlich feinen Buttergeschmack!

TIPP: Bitte nicht verwechseln mit der Kartoffel, die wir natürlich auch in diesem Buch vorstellen!

Rezept | Hörnla selbst gemacht

Das Bamberger Hörnchen basiert auf einem leichten, mit Milch hergestellten Plunderteig, der über Nacht „geführt" wird (den man über Nacht gehen lässt).

Am nächsten Tag zieht man – ähnlich wie beim Blätterteig – mehrere Schichten Butter ein. Darum bezeichnet man ihn gelegentlich auch als „gerollten" bzw. als „tourierten" Hefeteig. Dabei kann der Butteranteil bezogen auf das Mehl mehr als 20 Prozent betragen. Immer wieder wurde behauptet, dass Bamberger Hörnla auch mit Margarine oder anderen Fetten gebacken werden könnten. Dies führte zu einem denkwürdigen Streit in der Bevölkerung und der Bäckerinnung, der in einen spektakulären Prozess mündete. Das Landgericht Bamberg stellte daraufhin im Jahr 1977 abschließend fest: „Bamberger Hörnchen müssen mit reiner Butter gebacken werden." Hörnla-Profis verwenden zudem nur Weizenmehl vom Typ 550.

Der gewickelte Teigrohling ist in seiner Grundform länglich. Wichtig zur Unterscheidung ist: Das Bamberger Hörnchen ist schlanker als das französische Croissant. Man erkennt es am hohen Krustenanteil und am butterfarbenen Krumenbild.

Mehl, Topfen, Butter, Zucker, Vanillezucker und Hefe mit dem Ei zu einem festen Teig verarbeiten, circa 2 cm starke und circa 12 cm lange Rollen daraus fertigen und zu Hörnchen formen. Hörnchen mit Eigelb bestreichen und auf gefettetem Blech in mäßig heißer Röhre goldbraun backen.

Zutaten

- 250 g Mehl
- 250 g Topfen (weißer Käse)
- 125 g Butter
- 1 Ei
- 1 Eigelb
- 125 g Zucker
- 1 Päckchen Vanillezucker
- 1/2 Würfel Hefe

Gärtnerei Sebastian Niedermaier

Lebendiges Weltkulturerbe

Viele wissen es nicht – Bamberg ist nicht wegen seines Kaiserdomes oder des Alten Rathauses Weltkulturerbe, sondern wegen seiner Gärtnerstadt. Dazu gehört seit elf Generationen auch Familie Niedermaier, die im Herzen dieses Gebietes – der Mittelstraße – sitzt. 2010 stellte Sebastian Niedermaier nach und nach auf Bioland-Anbau um und beliefert nun nicht nur die vielen Stammkunden aus der Stadt, sondern auch die Bio-Märkte der Region. Wer Lust auf frischen Salat hat, kann hier jeden Tag vorbeischauen und sich sein Grünzeug holen. Dazu sollten übrigens auch einige der „alten" Bamberger Gemüsesorten gehören, beispielsweise Spitzwirsing, Rettich und Knoblauch.

TIPP: Im Hofladen gibt es ab Oktober frischen Ingwer, solange der Vorrat reicht!

Ein Vorbild in vielerlei Hinsicht

Nicht nur die Umstellung auf Bioland-Anbau ist Sebastian wunderbar gelungen, er hat es auch geschafft, aus dem ehedem eher angestaubten Gärtnerbetrieb eine moderne, aber dennoch liebenswerte Genusszentrale zu machen, zu der die Kunden jede Woche immer wieder aufs Neue gerne pilgern. Sein strahlendes Lächeln ist das beste Verkaufsargument und zaubert in Windeseile auch gute Laune in die Herzen der Kundschaft. Neben den Gärtner-Waren bietet er auch andere Bio-Produkte und beispielsweise auch Kontakt zu einem nachhaltig wirtschaftenden Angus-Hof. Außerdem engagieren sich die Niedermaiers beim Inklusionsprojekt integra MENSCH und geben vielen Menschen einen Sinn und eine Zukunftsperspektive.

Kontakt

Mittelstraße 42, 96052 Bamberg
Tel.: 0951 12060916
Fax: 0951 602244
Mail: info@sebastian-niedermaier.de

www.sebastian-niedermaier.de

Öffnungszeiten

Mo und Do	geschlossen
Di und Sa	9.00 – 13.00 Uhr
Mi und Fr	14.00 – 19.00 Uhr

Bamberger Hörnla (Kartoffel)

Ein fränkischer Franzose

Das „Bamberger Hörnla" oder auch „Bamberger Hörnle" ist eine kleine, festkochende Kartoffelsorte mit Geschmack und Geschichte. Vermutlich wurden die äußerst wohlschmeckenden Kartoffeln nach den verheerenden Kartoffelepidemien von 1846 – 1849, als man sich um neue und widerstandsfähige Anbausorten bemühte, aus Frankreich eingeführt und vor allem im Bamberger Land kultiviert.

Dort jedenfalls wird sie 1854 im 2. Jahresbericht der Bamberger Naturforschenden Gesellschaft erstmals erwähnt. Die Sorte dürfte jedoch deutlich älter sein, dies lässt sich in ihrem Ursprung aber nicht feststellen. Feinschmecker in ganz Deutschland schätzen die kleine, leicht gekrümmte Kartoffel wegen ihres intensiven, fein nussigen Aromas und ihrer angenehmen bissfesten Konsistenz. Es gibt zwei Typen: ein gelbschaliges und ein leicht rotschaliges Hörnchen. Beide sind vorwiegend festkochend und eignen sich sehr gut als Beilagen- und Salatkartoffeln zu besonderen kulinarischen Anlässen.

Kurzinfo

Hörnchen-Kartoffeln werden erstmals 1819 in Deutschland erwähnt; für den Raum Bamberg sind sie durch den 2. Bericht der Naturforschenden Gesellschaft von 1854 nachzuweisen. Die Bamberger Hörnla werden von mehreren Gartenbaubetrieben in Bamberg und im Bamberger Land angebaut.

TIPP: Ihr volles Aroma erreichen die Kartoffeln nach einer dreimonatigen, dunklen Lagerung!

Rezept | Bamberger Festtags-Kartoffelsalat

Bamberger Hörnla sind eigentlich viel mehr als eine Beilage. Sie passen zu allen Gerichten, denen ihre leicht „speckige" Konsistenz den richtigen Glanz verleiht.

Probieren Sie auf alle Fälle einen Kartoffelsalat aus Hörnchen oder kombinieren Sie sie mit Fisch und feinem Gemüse. Auch solo, nur mit Butter und feinen Kräutern angerichtet, sind sie ein Hochgenuss. Am besten kocht man sie als Pellkartoffeln, dann lassen sich die feinen Schalen leicht abziehen. Am allerbesten schmecken die im späten September geernteten Hörnchen, wenn man sie an einem kühlen und dunklen Ort einlagert und nicht vor Weihnachten verbraucht!

Zubereitung

Die Hörnchen werden bissfest gekocht, geschält und in Scheiben geschnitten. Zwiebeln fein würfeln, die Fleischbrühe aufwärmen, Zwiebeln eventuell darin etwas ablöschen. Kartoffeln und Zwiebeln mit der Brühe übergießen. Mit etwas Essig, Öl, Zucker, Salz und Pfeffer abschmecken.

Den Speck fein würfeln und anbraten. Über den Salat geben und alles noch leicht warm servieren.

Zutaten

1 kg gekochte Bamberger Hörnchen
1/4 l Fleischbrühe
2 – 3 eingelegte saure Gurken
1 dicke Scheibe durchwachsener Speck
2 – 3 Zwiebeln
frische Kräuter nach Geschmack,
Essig und Öl,
Zucker und Salz;

Bamberger Wirsing

Unvergleichliche Zartheit

Zu den überlieferten Lokalsorten der Bamberger Gemüsegärtnereien gehört der Spitzwirsing, kurz Wirsching genannt. Er bildet im Spätsommer mittelgroße bis große, sehr lockere Köpfe von herzförmiger oder spitzovaler Form.

Der nur in Bamberg aus spezialisierten Samenzuchten kultivierte Spitzwirsing hat viel mehr – wie viele traditionelle Gemüsesorten – das Zeug, ein Klassiker der Gourmetküche zu werden. Es lohnt sich, auf den Bamberger Gemüsemärkten auf Entdeckungsreise zu gehen! Spitzwirsing ist eine Rarität unter den nur von Bamberger Gemüsegärtnern gezogenen lokalen Sorten. Er bildet mittelgroße bis große, locker gewachsene Köpfe von charakteristisch spitzer bis herzförmiger Gestalt, die meistens schon im Spätsommer erntereif sind. Die unvergleichliche Zartheit des Blattes ermöglicht bei überraschend mild-würzigem Aroma eine fast vollständige Verarbeitung des gesamten Kohlkopfes. Bamberger Spitzwirsing gibt es nicht im konventionellen Handel, sondern nur bei einigen Gärtnern in Bamberg und dessen Umland.

Kurzinfo

Während der etwas robustere Weißkohl wohl schon im Mittelalter auch in Nordeuropa kultiviert wurde, wird der Wirsingkohl erst im 18. Jahrhundert in Bamberg heimisch. Verwendet werden hier auch die grünen Blätter, die bei dieser Sorte gegenüber der herkömmlichen Handelsware deutlich reicher an sekundären Pflanzenstoffen, Vitaminen und Mineralien sind.

TIPP: Bamberger Spitzwirsing sollte man nicht länger als sieben Tage zuhause lagern!

Rezept | Wirsching in heller Mehlsoße

Bamberger Spitzwirsing hat das Zeug zu einem echten Gourmetgemüse – viel zu schade, um auf landestypische Art zu einem Brei püriert und mit einer dicken Mehlschwitze gebunden zu werden. In feine Streifen geschnitten, muss man das feine Gemüse nur kurz andünsten und richtet es dann zum Beispiel mit röschen Speckwürfeln oder in einer würzigen Sahnesoße als vollwertige Beilage zu Fleisch- oder Fischgerichten an. Traditionell wird Wirsing in Oberfranken zu Schweinebraten oder zur Gans gegessen.

Zubereitung

Den Krautkopf putzen, waschen und die harten Strünke und weichen Blätter entfernen, dann das Gemüse mundgerecht schneiden, aber nicht durch den Fleischwolf drehen. Mit einem scharfen Messer werden die feinen Aromaporen am wenigsten verletzt, so dass wertvolle Geschmacks- und Inhaltsstoffe am besten erhalten bleiben. Den Wirsching in etwas Salzwasser dünsten, bis er weich, aber noch bissfest ist. Aus dem Kochwasser nehmen und das Kochwasser etwas abkühlen lassen. Aus Butter und Mehl eine helle Einbrenne herstellen und mit dem abgekühlten Kochwasser zu einer Soße rühren. Das Gemüse dazu geben, umrühren und nochmals mit Salz, Pfeffer und Muskatnuss abschmecken. Zum Servieren eventuell ein kleines Stück Butter darüber geben.

Zutaten

- 1 Kopf Wirsching
- Pfeffer
- Salz
- Muskatnuss
- etwas Butter
- 2 Esslöffel Mehl
- Wasser

Brudermühle – Hotel und Restaurant

Kulinarische Highlights bei Familie Vogler

Ganzjährig Wildspezialitäten aus unserem Wildgehege im Frankenwald und der heimischen Jagd. Tauchen Sie ein in die kleine Welt der Wildaromen, Kräuter und Gewürze und lassen Sie sich zu einem Fan der Wildgerichte machen. Ganzjährig fränkischer Tafelspitz und Schweineschäuferla. Der Höhepunkt im Mai und Juni mit jungem Spargel aus der Region.

Entenzeit – es gibt die klassische Ente mit Apfelrotkohl und Klößen ganz so, wie man es im Frankenland kennt und liebt. Liebevoll zubereiteter Gemüsestrudel, Schwammerlragout und frische Salate erfreuen die Herzen aller Vegetarier. November und Dezember „Gans ganz anders“ mit Wirsing und Bratapfel.

TIPP: Gesundheit, Nachhaltigkeit und Qualität stehen in der Brudermühle an erster Stelle!

Wohlfühlen und Genießen in Ihrem Zuhause auf Zeit

Liebevoll eingerichtete Gästezimmer mit Blick zum Alten Rathaus und zur Regnitz erwarten Sie bei einem romantischen Städteurlaub – zu einem Bamberg-Besuch mit Freunden – zu einem entspannten Bier- und Wein genuss – oder kommunikativ mit Geschäftspartnern.

Genießen Sie das einmalige Weltkulturerbe und erkunden Sie die geheimen Ecken in der tausendjährigen alten und jungen Stadt.

Familie Vogler und ihr gesamtes Team gestalten Ihren Aufenthalt einmalig und unverwechselbar in Bamberg und in der Brudermühle.

Kontakt

Schranne 1, 96049 Bamberg
Tel.: 0951 95522 0
Fax: 0951 95522 55
Mail: info@brudermuehle.de

www.brudermuehle.de

Öffnungszeiten

Täglich 8.00 – 23.00 Uhr und manchmal auch ein bisschen länger.
Genussfrühstück täglich ab 8.00 Uhr
Warme Speisen 11.30 – 21.00 Uhr
24.12. und 25.12. geschlossen (Hotel geöffnet)

Bamberger Zwiebel (gefüllt)

Des Zwiebeltreters Liebstes

Die Bamberger Gemüsegärtner waren schon im 17. Jahrhundert nicht nur für den Anbau von Süßholz und Schwarzwurz berühmt. Auf den fruchtbaren Talböden entlang der Regnitz wurden auch große Mengen an Zwiebeln und Knoblauch gezogen, die man als Heil- und Würzpflanzen verwendete.

Der Anbau von Zwiebeln erfordert besondere Kulturmaßnahmen. Wenn die Schlotten, also das oberirdische Blattwerk der Zwiebeln, im Frühsommer zu „schießen" beginnt, muss man ihr Wachstum begrenzen. Denn nur so werden die Nährstoffe des Bodens für die Entwicklung der unterirdischen Knolle genutzt. Früher banden sich die Bamberger Gärtner dann Brettchen unter die Schuhe und gingen damit über die Zwiebelfelder, um die Schlotten niederzutreten. Besonders um Johanni herum (23. Juni) konnte man fast alle Mitglieder der Gärtnerfamilien bei dieser Arbeit in den Feldern beobachten. Deswegen nennt man die Bamberger insgesamt heute gerne auch „Zwiebeltreter" – ein Spitzname also, der sich vom Berufsstand der Gärtner auf alle Einwohner der Stadt übertragen hat.

Kurzinfo

Der Feldanbau der birnenförmigen Bamberger Zwiebel findet vorwiegend auf kleinen Flächen statt. Wenn im Herbst das Laub abgestorben ist, werden die Zwiebeln ausgegraben, getrocknet und luftig, trocken und frostfrei aufbewahrt. Um eine übermäßige Schosserbildung und frühes Austreiben zu verhindern, sollte man sie in einem Netz hinter dem Ofen oder über dem Herd trocknen (darren) und dann einlagern.

TIPP: Gefüllte Bamberger Zwiebeln in Keller- oder Rauchbiersoße bilden eine unverwechselbare kulinarische Einheit.

Rezept | Gefüllte Bamberger Zwiebel

Geschälte Zwiebeln an der Wurzelseite so abschneiden, dass sie im Topf stehen können. Die obere Kappe abschneiden und die Zwiebel von innen aushöhlen, so dass ringsherum eine Wand von 1 cm Dicke stehen bleibt. Die entfernten Zwiebelteile fein hacken, in Butter andünsten und mit gehackter Petersilie und Majoran verfeinern. Danach wird das Schweinehack mit den gedünsteten Zwiebelwürfeln vermischt und mit Salz, Pfeffer und Muskat abgeschmeckt. Die eingeweichten Brötchen zusammen mit zwei Eiern in die Masse einarbeiten.

Die ausgehöhlten Zwiebeln werden nun mit der Masse gefüllt. Wer will, setzt die Kappe wieder auf. Dann gibt man die Zwiebeln in einen mit etwas Gemüsebrühe gefüllten Topf und lässt sie bei 180°C im Ofen circa 45 Minuten dünsten. Danach mit Bier angießen und alles weiter für 30 Minuten dünsten lassen. Wenn die Zwiebeln durchgegart sind, nimmt man sie vorsichtig heraus, bindet den Fond mit Mehl und schmeckt mit Salz und Pfeffer ab. In der Zwischenzeit brät man den Räucherbauch oder gewürfelten Speck scharf an, gibt jeweils eine Scheibe oder fein gewürfelten Speck über eine Zwiebel und übergießt alles mit der Soße. Man serviert Bamberger Zwiebeln mit Stampf (Kartoffelbrei) und Sauerkraut.

Zutaten

4 große Zwiebeln
600 g Schweinehack
4 Scheiben Räucherbauch oder durchwachsenen Speck
2 Eier, 2 Brötchen

Butter, Salz, Pfeffer, Muskat
Bund Petersilie, Majoran
Gemüsebrühe
1/4 l Rauch- oder Kellerbier

Gasthaus Schloßbräu

Kostbares Handwerk

Das Gasthaus Schloßbräu wird seit 1938, nun in 3. Generation, von Familie Dirauf bewirtet. 2006 vollzog sich der letzte Generationenwechsel, seitdem wird das Gasthaus von Küchenmeister Franz-Ludwig Dirauf und seiner Frau Bernadette geführt. Den Gast erwartet eine puristische Grundspeisekarte, ergänzt durch Tagesempfehlungen auf einem „Spieglein an der Wand". Auf dem Teller trifft so bodenständige fränkisch-kultige Küche auch mal auf trendige und international-kulturelle Spezialitäten, wobei vieles hausgemacht wird oder von Lieferanten aus dem Umland stammt. In den Sommermonaten findet die Bewirtung vor allem im nebenan gelegenen Schloßgarten statt, wo typisch fränkisch Reckendorfer Schloßbräu-Biere, deftige Brotzeiten und Franz-L´s selbstgemachtes Eis bei Selbstbedienung angeboten werden. Weitere Tipps: Frische Karpfen aus eigenen Teichen (von Oktober bis April) und die Frischwursttheke, in der die handwerklich hergestellten Wurst-, Schinken- und Räucherspezialitäten angeboten werden.

Kontakt

Mühlweg 8, 96182 Reckendorf
Tel.: 09544-94950
Fax: 09544-949580
Mail: info@gasthaus-schlossbraeu.de

www.gasthaus-schlossbraeu.de

Öffnungszeiten

Aktuelle Zeiten siehe Website
oder nach telefonischer Auskunft

STORATH

Storath Chocolatier

Hier wird Schokolade gelebt

Schokolade ist für Johannes Storath gegenüber den Kakaobauern, mit denen er arbeitet, eine Verpflichtung. Deshalb liegt ihm und seinem Team die Wertschöpfungskette sehr am Herzen. Für jedes eingekaufte Kilogramm Schokolade gehen 10 Cent an die Bauern zurück. Dieses Geld wird in der Summe zum Bau von Schulen, für medizinische Versorgung, Infrastruktur und vor allen Dingen für die Unterstützung der Kakaobauern, angefangen von der richtigen Pflege der Plantage über eine kontrollierte Fermentation bis zur fachgerechten Trocknung der Bohnen 1:1 verwendet. Auch Sie als Kunden sind automatisch ein Teil von diesem „Cacao Trace“-Programm. Derzeit bezieht die Chocolaterie Storath Kakao und Schokolade aus Vietnam, Papua-Neuguinea, Uganda, Ghana, Madagaskar, Venezuela, Ecuador, Peru, Costa Rica, Brasilien, Kolumbien und von der Elfenbeinküste.

INFO

TIPP: Probieren Sie die Bambergerin, die es als Praline, Törtchen und Eiskugel gibt!

Bamberg – Bayreuth – Scheßlitz

Besuchen Sie Storath in den Filialen im Herzen von Bamberg, Lange Str. 24 (Mo bis Fr 9.30 – 18.00 Uhr, Sa 9.30 – 16.00 Uhr) und Bayreuth, Maximilianstr. 75 (Mo bis Fr 9.30 – 18.00 Uhr, Sa 9.30 – 15.00 Uhr) oder direkt vor Ort in Scheßlitz – Ortsteil Stübig – in der Produktion. Oder bestellen Sie bequem im Online-Shop.

Unterstützen Sie unsere Region und kaufen Sie regional.
„Nicht umsonst sprechen wir kulinarisch!„

Kontakt
St.-Martin-Straße 18a
96110 Scheßlitz-Stübig
Tel.: 09542-7746970
Fax: 09542-77469720
Mail: info@confiserie-storath.de
www.storath.shop

Öffnungszeiten
Scheßlitz-Stübig (Produktion)

Mo bis Do	8.00 – 16.00 Uhr
Fr	8.00 – 12.00 Uhr

Eine Genusstour im Bamberger Land

Ausgangspunkt unserer Tour ist das Kloster St. Michael in Bamberg, das auf eine Gründung Kaiser Heinrichs II. von 1015 zurückgeht. Die heutige Kirche wurde 1121 geweiht und Anfang des 17. Jahrhunderts sowie nach 1698 überformt. Die imposanten Klostergebäude stammen aus dem 18. Jahrhundert. Zum reichen Grundbesitz des Klosters gehörten neben dem terrassenförmig als Obstplantage angelegten Reuthersberggarten und dem südlich gelegenen, seit 2011 wieder angelegten Weinberg, dem sog. „Kameraten", Wiesen, Felder und der ausgedehnte Michaelsberger Wald, den wir auf dem über 1000-jährigen Kunigundenweg durchqueren.

Bei der Kindleinseiche biegen wir Richtung Mühlendorf ab, durchqueren das Aurachtal und fahren über Kreuzschuh durch den Walsdorfer Wald in Richtung Grasmannsdorf. Über die schöne Ebrachbrücke mit den barocken Figuren des Nikolaus, Johannes Nepomuk, Kilian, Vitus, Wolfgang, Heinrich und Otto geht es weiter nach Burgebrach. Weiter folgen wir dem Verlauf der Rauhen Ebrach und fahren auf der Trasse der ehemaligen Steigerwaldbahn in Richtung Frensdorf. Von hier geht es über eine wenig befahrene Strecke über Reundorf nach Pettstadt, wo wir mit der Fähre auf das rechte Regnitzufer übersetzen und dem RegnitzRadweg am Main-Donau-Kanal nach Bamberg zurück folgen.

Genusstour Startpunkt: Bamberg

Unser Tourengebiet liegt zum größten Teil am Westrand des mittelfränkischen Beckens, das nach Westen von den Höhenzügen des Steigerwaldes begrenzt wird. Die Flüsschen Aurach und Rauhe Ebrach entwässern die Talgründe in südöstlicher Richtung und münden mit nur wenigen 100 Metern Abstand nahe der Fähre bei Pettstadt in die Regnitz.

Beide haben über weite Strecken ihren natürlichen, stark mäandrierenden Lauf bewahrt. Von zahlreichen Seitenbächen gespeist, wurde das Wasser der Aurach ab dem unterfränkischen Unterschleichach immer wieder zu Fischteichen aufgestaut, von denen noch ein Teil erhalten ist. Mit dem von Schwarzerlen gesäumten Flusslauf und artenreichen Feuchtwiesen entstand hier eine wertvolle Auenlandschaft, die durch intensive Pflegemaßnahmen in ihrem Bestand erhalten werden konnte. Bei Zettelsdorf, Mühlendorf und Stegaurach betrieb die Aurach über kurze Stichkanäle auch verschiedene Mühlen und Sägewerke.

Eine Genusstour im Bamberger Land

Auch die bei Michelau im Steigerwald entspringende Rauhe Ebrach durchströmt, von vielen Seitenbächen gespeist, in südlicher Richtung eine feuchte Aue, über die schon in alter Zeit bei Grasmannsdorf eine Brücke führte. Mit dem Wasser der Mittleren Ebrach bei Burgebrach vereint, bildet sie im unteren Abschnitt häufig Wiesenmäander, die von Altwasserabschnitten gesäumt werden. Auch die Rauhe Ebrach betrieb verschiedene Mühlen und vor allem im mittleren Lauf sind auch Fischteiche belegt.

Neben dem Fischreichtum von Aurach und Rauher Ebrach (Aal, Döbel, Barsch, Forelle, Saibling, verschiedene Weißfischarten, Hecht, Waller und Quappe) sind Teiche, Bäche und feuchte Wiesen ein wertvolles Rückzugsgebiet vieler Amphibien, Schlangen und anderer Wasserlebewesen. Aber auch Störche und andere Vögel, sowie wasserliebende Pflanzen haben hier ein Refugium. Die Stadt-Land-Fluss-Tour führt durch eine wunderschöne Landschaft, vorbei an alten Dörfern und Städtchen mit vielen Sehenswürdigkeiten. Mehr dazu und unsere kulinarischen Tipps für Einkehr und Einkauf finden Sie in der Detailbeschreibung der Tour (s. Web/QR-Code).

Genusstour Startpunkt: Bamberg

Zusammengefasst: Die abwechslungsreiche Radtour führt auf historischen Pfaden von Bamberg aus durch den Michaelsberger Wald in die naturnahen Täler von Aurach und Rauher Ebrach. Vorbei an geschichtsträchtigen Orten wie Walsdorf, Burgebrach, Frensdorf und Pettstadt führt die Tour ohne allzu starke Steigungen ins Regnitztal und am Uferdamm des Main-Donau-Kanals wieder zurück nach Bamberg.

Ein großer Teil der schönen Strecke folgt uralten Wegeführungen, wie zum Beispiel dem Kunigundenweg mit den Brückenübergängen über die Talgründe der Aurach bei Mühlendorf und der Rauhen Ebrach zwischen Burgebrach und Grasmannsdorf – eine Altstraße, die seit über 1000 Jahren von Menschen genutzt wird. Sehenswerte Kulturschätze am Wegrand sind die Laurentiuskirche, das Crailsheimische Jägerhaus und der Judenfriedhof in Walsdorf, das Ortsbild von Burgebrach, das Bauernmuseum des Bamberger Landes in Frensdorf oder die Pfarrkirche Mariä Geburt von Michael Küchel in Pettstadt.

Streckenverlauf: *Bamberg - Mühlendorf - Kreuzschuh - Grasmannsdorf - Burgebrach - Unterneuses - Stappenbach - Hundshof - Frensdorf - Reundorf - Pettstadt - Bamberg*

Länge der Tour: 44 km | Höhendifferenz: 110 m | Gesamtanstieg: 255 m

Tipp: Unterwegs mit der VGN-Freizeitlinie „Steigerwald-Express“ inkl. Fahrradtransport (1.5. - 1.11., sonn- und feiertags, außer 15.8.)

Fahrplan unter: www.vgn.de/freizeit

Wanderkarte & mehr Infos:

Weitere Anbieter im Landkreis Bamberg

Kalb Fleischwaren GmbH

Theuerstadt 5
96050 Bamberg
Tel.: 0951-23764
Fax: 0951-9230883
Mail: info@metzgerei-kalb.de

www.metzgerei-kalb.de

Frankenhotel Drei Kronen

Hauptstraße 19
96117 Memmelsdorf
Tel.: 0951-944330
Fax: 0951-9443366
Mail: info@drei-kronen.de

www.drei-kronen.de

Brennerei Motzelhof

Lindenallee 23
96129 Strullendorf
Tel.: 0171-5009222

www.motzelhof.de

Vroni´s Edelbrennerei & Nudelküche Stephan Mühlich

Am Kirchberg 5, 96191 Viereth
Tel.: 09503-1691
Fax: 09503-5420
Mail: info@vronis.eu

www.vronis.eu

Brauerei-Gasthof Hartmann

Fränkische-Schweiz-Straße 26
96110 Würgau
Tel.: 09542-920300
Fax: 09542-920309
Mail: info@brauerei-hartmann.de

www.brauerei-hartmann.de

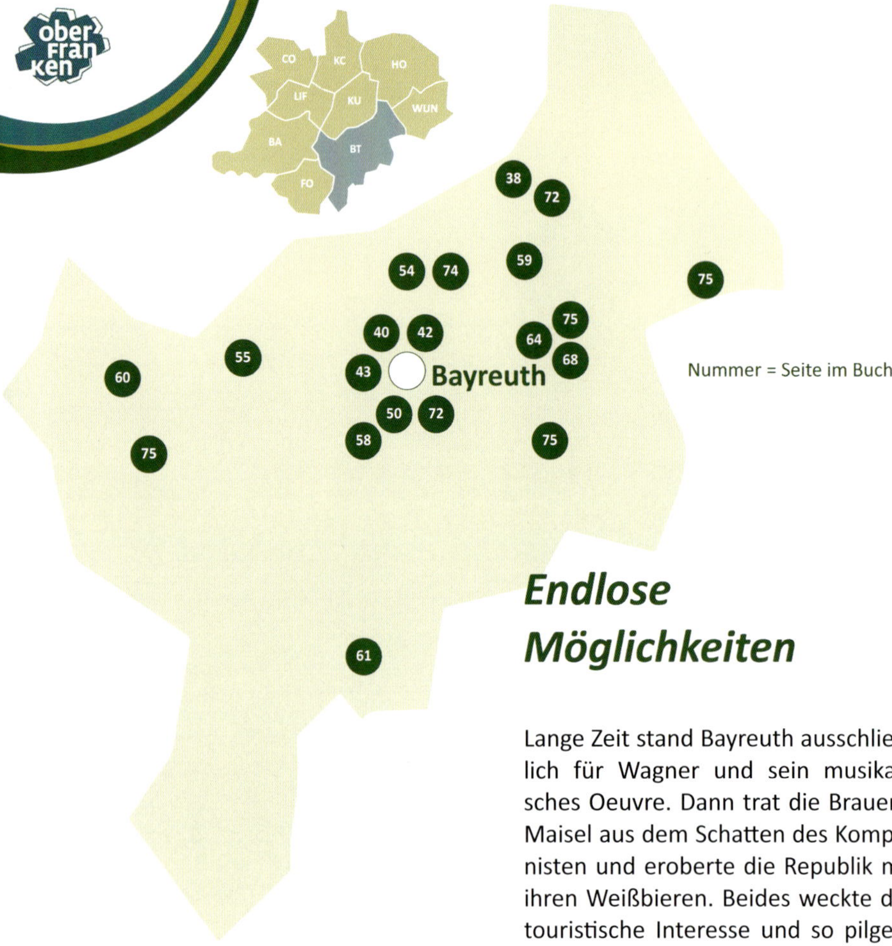

Endlose Möglichkeiten

Lange Zeit stand Bayreuth ausschließlich für Wagner und sein musikalisches Oeuvre. Dann trat die Brauerei Maisel aus dem Schatten des Komponisten und eroberte die Republik mit ihren Weißbieren. Beides weckte das touristische Interesse und so pilgern mittlerweile jedes Jahr viele Menschen in die Barockstadt und staunen über die Vielfalt dieses ebenfalls zum Weltkulturerbe gehörenden Genussortes. Und auch das Bayreuther Land hat viel Genuss zu bieten, offizielle Genussorte sind Aufseß, Bad Berneck, Pegnitz und Weidenberg. Insbesondere für die naturverbundenen Genießer bieten sich hier schier endlose Möglichkeiten, Wandern und Radeln mit Kulinarik zu verbinden. Immerhin lockt das Herz der Fränkischen Schweiz mit seinen Felsformationen, Höhlen und Naturwundern.

Anbieterportraits Bayreuth Stadt & Land

Spezialitäten, Rezepte und Genusstour

Metzgerei Leipold

Tradition ist Trumpf

Über 200 Jahre schon sind die Leipolds Metzgermeister – und gut 70 Jahre besteht bereits der Betrieb in Bad Berneck. Seitdem sind viele Gäste in dem kleinen Laden ein und aus gegangen, vom Fürsten bis zum Bundesminister. Allen gemein ist die Liebe zu echten fränkischen Wurst- und Fleischwaren, die hier immer noch nach den alten Haus- und Familienrezepten hergestellt werden. Dabei setzen die Leipolds zudem auf Regionalität, um maximales Tierwohl und Frische garantieren zu können. Bei den Leipolds gibt es auch einen umfangreichen Partyservice, mit dem Sie sich alle Spezialitäten – und die Hersteller – ganz einfach nach Hause bestellen können. Vom belegten Brötchen bis zum kompletten Spanferkel ist dabei alles drin, lassen Sie sich überraschen! Last, but not least sollte noch der hauseigene Fleischautomat „Fleischi" Erwähnung finden, der sich gegenüber vom Laden in der Bahnhofstraße befindet, rund um die Uhr für die Kunden zugänglich und im Sommer mit Grillsachen für Kurzentschlossene bestückt ist.

Kontakt

Bahnhofstraße 75,
95460 Bad Berneck
Tel.: 09273-403 / 0171-5241324
Fax: 09273-5246
Mail: rainer.maisel@gmx.de
www.metzgerei-leipold.de

Öffnungszeiten

Mo, Di und Do	6.30 – 12.00 Uhr
und	14.30 – 18.00 Uhr
Mi und Sa	6.30 – 12.00 Uhr
Fr	6.30 – 18.00 Uhr

Maisel's Bier-Erlebnis-Welt

Deutschlands modernstes Taphouse

Mitten in Bayreuth hat Jeff Maisel dem Bier ein Denkmal gesetzt, und zwar ein lebendiges. Mit der „Biererlebniswelt" sind nun Museum, Tagungs- und Veranstaltungsräume, historische Katakomben, Versuchsbrauerei, Fassreiferaum, Shop und Gärkeller mit einer echten Erlebnisgastronomie verbunden, in der es neben den Maisel-Bierspezialitäten auch eine in der Genussregion einmalige Vielfalt an Bieren zu verkosten gibt. Im Sommer lockt zudem ein wunderschöner Biergarten, in dem man auf Wunsch auch selbst zur Grillzange greifen kann. Mit einer eigenen Kaffeerösterei geht das Familienunternehmen mittlerweile sogar über den Bierhorizont hinaus. Auf der Website finden Sie einen bunten Strauß unterschiedlichster Genuss-Seminare und Verkostungen, die Sie über www.biererlebnis.de buchen können. Als kleiner Vorgeschmack lohnt ein Besuch des international sortierten Biershops, in dem Sie immer kompetent beraten werden.

TIPP: Stöbern Sie durch den Eventkalender und buchen Sie sich Ihr Genuss-Event unter www.biererlebniswelt.de!

Verkostungen und Fortbildungen

Die Biererlebniswelt offeriert eine große Bandbreite unterschiedlichster Veranstaltungen, bei denen Biersommeliers beispielsweise über die Harmonie von „Bier und Schokolade“ oder „Bier und Käse“ informieren. Wer möchte, kann auch etwas mehr Zeit investieren und sich zur Bierfachfrau bzw. zum Bierfachmann oder BeerJudge weiterbilden. Selbst Hobbybrauer können einmal im Jahr ihr Können unter Beweis stellen, wenn Maisel zur „HomeBrew“ einlädt, einer spannenden Messe mit Hobbybrauerwettbewerb. Das Siegerbier gibt es dann ein paar Monate später als richtigen Sud auf der großen Anlage für alle Bierfreunde in der Flasche.

Kontakt
Andreas-Maisel-Weg 1
95445 Bayreuth
Tel.: 0921-401234
Mail: info@biererlebniswelt.de

www.biererlebniswelt.de

Öffnungszeiten
Liebesbier:

Mo bis Sa	8.30 – 24.00 Uhr
So und Feiertage	9.00 – 24.00 Uhr

Biererlebniswelt:
siehe Website

Bäckerei-Konditorei Lang

Oscar-prämiert

Herzlich willkommen bei der Lang Genusswelt – Genuss als Lebensgefühl! Genuss steckt in jedem, man muss ihn nur entdecken. Besuchen Sie die einmalige Location der Bäckerei-Konditorei Lang mitten im Herzen Bayreuths und entdecken Sie den Genießer in sich. Tauchen Sie mit in die Lang Genusswelt ein – fühlen | erleben | schmecken – oberfränkische Handwerkskunst par excellence. Ob im Ladengeschäft, in der Buschenschänke oder auf einer der zahlreichen Veranstaltungen, immer echt „langtastisch“. Seit mehr als 250 Jahren wird in der Jean-Paul-Straße 7 Brot gebacken und Bier genossen. Mehr als 100 Jahre davon durch die Hände der langschen Bäckermeisterinnen und Bäckermeister und damit bereits in der 4. Generation. Die 5. Generation steht schon bereit, um das Feuer, das 1764 entfacht wurde, am Brennen zu halten. Mit jungen Ideen alte Traditionen fortsetzen – dieser Leitspruch beflügelt immer wieder, neue Ideen zu entwickeln und diese mit Begeisterung und Mut hier umzusetzen.

Kontakt
Jean-Paul-Straße 7
95444 Bayreuth
Tel.: 0921-64408
Fax: 0921-515252
Mail: info@baeckerei-lang.de
www.baeckerei-lang.de

Öffnungszeiten

Di bis Fr	6.30 – 18.00 Uhr
Sa	6.30 – 13.00 Uhr

Oskar – Das Wirtshaus am Markt

Original regional genießen – im Herzen Bayreuths

Fränkische Gastlichkeit erleben, deftige Schmankerl genießen, Geschichte spüren: Das Oskar mit seinen historischen Gemäuern ist immer einen Besuch wert. Ob bei einem Schoppen Frankenwein im verglasten Wintergarten, bei einer fränkischen Brotzeit unter Hopfendolden oder bei einem frisch gezapften Hellen im Biergarten – hier tummeln sich sowohl Touristen als auch Einheimische zum Genießen und gemütlichen Beisammensein.

Kontakt

Maximilianstraße 33
95444 Bayreuth
Tel.: 0921-5160553
Mail: oskar@oskar-bayreuth.de

www.oskar-bayreuth.de

Öffnungszeiten

Mo bis Sa	8.00 – 1.00 Uhr
So und Feiertage	9.00 – 1.00 Uhr

Schäuferla

Mehr Oberfranken geht nicht auf den Teller

Das Schäuferla ist eines der beliebtesten fränkischen Sonn- und Festtagsgerichte. Es wird in „fränkischer Schnittführung" mit Knochen, Fettabdeckung und Schwarte aus dem flachen Schulterstück des Schweins geschnitten, schon dies ist eine Besonderheit fränkischer Metzgerkunst. Dabei leitet sich der Name des Fleischstücks von dem innen liegenden, kleinen flachen Schulterknochen ab, der die Form eines Schäufelchens hat.

Kross gebraten erfreut sich das saftig-zarte Bratenstück in Franken am Mittagstisch besonderer Beliebtheit. Es gilt daher als traditionelles fränkisches Gericht. Zu den Besonderheiten des fränkischen Schäuferla gehört es, dass das aus dem Schulterblatt des Schweins geschnittene Fleischstück in der Ofenröhre gebraten wird.

Kurzinfo

Bei der Zubereitung wird die Schwarte kreuzweise eingeritzt, das Fleischstück mit Salz, Pfeffer und Kümmel (manchmal auch mit Majoran und Thymian oder Rosmarin) gewürzt und mit gewürfeltem Wurzelgemüse, Zwiebeln und Knoblauch für etwa 2 bis 3 Stunden im Bräter kross gebraten. Da man in Franken eine kräftige und reichliche Soße liebt, sollte es immer wieder mit Brühe und dunklem Bier übergossen werden.

TIPP: Ein Schäuferla sollte warm verzehrt werden. Aber auch kalt, zum Brot aufgeschnitten, schmeckt es sehr gut!

Rezept | Fränkisches Schäuferla

Gemüse putzen, Zwiebeln vierteln, Möhren und Sellerie in Stifte und Lauch in kleine Stücke schneiden. Das Fleisch mit Salz und Pfeffer einreiben, mit Suppengemüse und den übrigen Gewürzen in den vorgeheizten Backofen (150°C) schieben und alles kurz anbräunen. Mit Brühe und eventuell Bier angießen. Modernere Varianten würzen auch mit Honig, Muskat, Nelken und Ingwer. Im Ofen etwa 2 Stunden lang knusprig braten lassen. Dabei das Fleisch immer wieder mit Brühe oder Bier übergießen. Wer Bier verwendet, sollte darauf achten, dass Fleisch und Soße nicht zu bitter schmecken.

Um die Schwarte besonders kross zu bekommen, kann man am Ende der Garzeit die Temperatur etwas erhöhen (200 – 220°C). Dazu übergießt man die Schwarte nochmals mit Brühe.

Ist das Schäuferla gut durchgegart, gießt man den Sud durch ein Sieb, dickt ihn eventuell mit Mehl an, schmeckt alles nochmals ab und serviert mit Klößen und Sauerkraut, Salat, Wirsing oder auch Blaukraut.

Übrigens: Wenn das Schäuferla fertig ist, sollte sich das Fleisch leicht vom Knochen lösen und die Schwarte knusprig und goldbraun sein. Serviert wird es mit dunkler Bratensoße, Kartoffelklößen und Sauerkraut, gelegentlich auch mit Salat (Mittelfranken) oder seltener mit Blaukraut oder Wirsing (Unterfranken).

Zutaten 4 Personen:

4 Schweineschäuferla, Salz, Pfeffer, Kümmel, Majoran oder Rosmarin. Butterschmalz zum Anbraten. Soße: 1/4 l Fleischbrühe, evtl. 1/4 l Bier, 2 Zwiebeln, 2 Möhren, 1 Knoblauchzehe, 1/2 Lauchstange, 1 Stück Sellerie oder 1 Bund Suppengrün, Gewürze wie Pimentkörner, Nelken, Pfeffer, Lorbeerblätter

Auf gläserner Spur – Genießen in der Wohlfühlregion Fichtelgebirge

Unser besonderer Ausflugstipp in die Wohlfühlregion Fichtelgebirge gilt dem Glaswanderweg von Weidenberg bis Bischofsgrün. Entstanden auf Initiative der an der LEADER-Aktionsgruppe beteiligten Gemeinden, führt der Themenweg, ausgehend von der Gablonzer Werkssiedlung und dem Glas-Knopf-Museum in Weidenberg, durch eine reizvolle Kulturlandschaft, vorbei an alten Standorten der Glasmacherei über Warmensteinach und die Glasmachersiedlung in Fichtelberg/Neugrün bis nach Bischofsgrün, wo sich seit 2013 auch das Industrie- und Glasmuseum befindet.

Der Wanderweg ist durchgehend mit Informationstafeln versehen, die die jeweiligen Standorte mit alten Ortsansichten und mit Fotos von längst abgebrochenen Glashütten, Glas- und Spiegelschleifereien, Hütten- und Hammerwerken erläutern. Als Wegemarkierung wurde das Glasmacherzeichen – ein Kreuz mit einer „liegenden Acht" darüber, dem Zeichen für die Unendlichkeit – verwendet, das bildlich gesprochen bedeutet: „Es ist ein unendliches Kreuz, Glas zu machen!"

Genusstour Startpunkt: Glas-Knopf-Museum, Kristallstraße, Weidenberg

Bereits mit Beginn des 14. Jahrhunderts setzte die traditionsreiche Geschichte der Glasherstellung im Fichtelgebirge ein. Gebrauchsgegenstände und Schmuck, vornehmlich Perlen, Glasknöpfe und Gläser, später auch technisches Glas, wurden produziert und in aller Herren Länder exportiert. Berühmt sind bunt bemalte Humpen, die man heute in verschiedenen Museen bewundern kann. Historisch greifbar wird die Entwicklung mit der Entstehung der Waldglashütten im 15. Jahrhundert. Bei Fichtelberg-Neubau konnte in einem Waldstück eine Glashütte des frühen 17. Jahrhunderts ausgegraben werden, in der u.a. schwarze Glasknöpfe aus dem hier vorkommenden Proterobas hergestellt wurden.

Neben der Knopfproduktion wurden Weihnachtsbaumschmuck und bunte Glasperlen in Heimarbeit gefertigt. Auch die Hohlglasproduktion erreichte ein beträchtliches Niveau. Nach dem Zuzug der Gablonzer Glasmacher nach dem Zweiten Weltkrieg erlebte die Glaskunst im Fichtelgebirge eine Blütezeit. Vor allem die Schmuckherstellung, aber auch die Kristallglasschleiferei erreichten Weltniveau. Glasmuseen entlang des Weges mit Exponaten aus verschiedenen Jahrhunderten geben Einblicke in Glasherstellungstechniken von einst und jetzt.

Auf gläserner Spur – Genießen in der Wohlfühlregion Fichtelgebirge

Der rund 40 km lange Glaswanderweg führt über folgende Stationen: Von Weidenberg (Glas-Knopf-Museum und Gablonzer Werksiedlung) folgt man der Steinach zur Scherzenmühle (von Wasser angetriebene ehemalige Mühle, heute Museum).

Über Rosenhammer, Mittlernhammer und Sophienthal (ursprünglich Jagdschloss, später Porzellanfabrik) geht es vorbei an den Stationen Neuwerk (Hammerwerk), Brunnenhaus (einst Spiegelglasschleiferei, jetzt Fa. Kächele), Zainhammer/Pfeifferhaus (ehemalige Eisenbergwerke) und Neuwelt (Drahtwerk) nach Warmensteinach (Glasmuseum im Freizeithaus mit Exponaten aus 400 Jahren Glasgeschichte).

Über Helle Glocke, Oberwarmensteinach, Fleckl, Bocksgraben und Grünstein wandern wir über die Glasmachersiedlung Neugrün (bedeutende Glashütte und Knopfhütte) zum Fichtelsee.

Genusstour Startpunkt: Glas-Knopf-Museum, Kristallstraße, Weidenberg

Ein Abstecher über Neubau führt zur archäologisch ergrabenen WaldGlasHütte Proterobas. Über die Einöde Karches (ehemaliger Hochofen) geht es nach Fröbershammer und Birnstengel nach Bischofsgrün (verschiedene Glashütten, Industrie- und Glasmuseum).

Zum Wegeverlauf kann man sich einen Flyer unter

www.glas-im-fichtelgebirge.de/ Glaswanderweg.54.0.html

herunterladen.

Wanderkarte & mehr Infos:

Hotel Goldener Anker

Eine Familie – Eine Hotel-Legende

Seit barocker Zeit finden Reisende aus aller Welt gemütliche Ruhe in einer deutschen Hotel-Legende, dem Goldenen Anker in Bayreuth. Eva Graf, die heutige Chefin, hat schon als kleines Mädel im gesamten Betrieb ausgeholfen und mitgearbeitet, ihr besonderes Augenmerk legt sie dabei auf die gute, hausgemachte Küche. Immerhin war eine Metzgerei mit kleiner Garküche im Jahr 1676 der Ursprung des Familienbetriebes. Hier befinden Sie sich in bester Gesellschaft, nicht nur weil unter anderem die Bayreuth-Ikone Richard Wagner gerne zu Gast war, sondern weil noch bis zur heutigen Zeit jede Generation der Wagner-Nachkommen mit der Familie Graf verbunden geblieben ist. Das Geheimnis dahinter liegt nicht nur in dem wunderschönen Gebäude und seiner Lage unweit des Opernhauses, sondern vor allem in der Liebe und Sorgfalt, mit der die Familie Graf seit eh und je ihre Gäste verwöhnt.

TIPP: Die hausgemachten Zitrusmarmeladen zu jedem Frühstück – eine kostbare Seltenheit!

Regionalität und Qualität

Beste Unterstützung bei der Umsetzung der sorgfältig zubereiteten, stets hausgemachten Speisen und der vortrefflichen Bewirtung ihrer Gäste erhält die Seele des Hauses von ihrem begabten Küchenchef Sebastian Constantinescu. Dieser heuerte mit Begeisterung vor einigen Jahren im Goldenen Anker als Lehrling an. Gemeinsam stehen sie für Regionalität, Frische und stets höchste Qualität.

So manch leckere Speise entstammt alten Anker-Rezeptsammlungen – und so können Sie sich auf eine vorzügliche, kulinarische Genuss- und Zeitreise freuen. Nicht umsonst haben auch Künstler wie Loriot, Uderzo und die Scorpions ihren Weg hierher gefunden.

Kontakt
Opernstraße 6, 95444 Bayreuth
Tel.: 0921-7877740
Fax: 0921-78777474
Mail: info@anker-bayreuth.de

www.anker-bayreuth.de

Öffnungszeiten
Mi bis So 17.30 – 22.00 Uhr
sowie jederzeit auch auf Reservierung für Gruppen ab 8 Personen

Saure Lunge auf Bayreuther Art

Des Gschling mussd brobierd ham!

Die traditionelle Bayreuther Küche kennt und schätzt Innereien in verschiedenen Zubereitungsformen. Man kann sie daher auch bei vielen Metzgern in der Region sorgsam ausgewählt und vor allem schlachtfrisch kaufen.

Ein typisches, heutzutage leider zu Unrecht gerade bei jüngeren Leuten verpöntes Gericht, ist die saure Lunge. Man schmort sie vorsichtig mit Suppengrün, Lorbeer und Gewürzen, schmeckt sie würzig mit Essig oder einem Schuss Wein ab und bindet die Soße mit etwas Mehl und Rahm. Dazu schmeckt Kartoffelbrei ebenso wie alle Arten von Klößen.

Kurzinfo

Schauen Sie in Zukunft einmal genauer hin. In Bayreuth steht ein „Sauers Lingla" auch häufiger auf der Speisekarte der traditionellen Gastronomie. Sehr oft auf der Tages- oder Sonntagskarte. Dazu passt neben einem würzigen Bier auch mal ein Schoppen Frankenwein.

TIPP: Zu Innereien harmoniert stets ein frisch gezapftes, fränkisches Landbier!

Rezept | Sauers Lingla nach Bayreuther Art

Die Lunge mit dem Suppengemüse, Salz, Lorbeerblatt und Pfeffer im Wasser etwa 1 Stunde garen lassen. Im Sud abkühlen und in schmale Streifen schneiden. Mehl in Butter hellbraun anrösten, mit Fleischbrühe ablöschen und unter Rühren zu einer sämigen Soße aufschlagen. Mit Salz, Pfeffer und Majoran würzen. 1 Essl. Essig oder 2 Essl. Wein dazugeben, die klein geschnittene Lunge untermischen und alles nochmals vorsichtig aufkochen lassen. Nach Geschmack mit Sauerrahm veredeln.

Dazu reicht man Kartoffelbrei oder auch Klöße.

Zutaten

800 g Lunge vom Schwein, 1 Bund Suppengemüse, 1 l Wasser, 1/2 l Fleischbrühe, 40 g Mehl, 40 g Butter, 1 Teel. Salz, 1 Lorbeerblatt, 6 Pfefferkörner, Majoran, 1 – 2 Essl. guter Weißweinessig oder Weißwein, Sauerrahm nach Geschmack

Opel`s Sonnenhof – Das Wirtshaus im Grünen

Vier Generationen Sonnenschein

Nicht nur im schönen Biergarten, sondern auch in jeder Begegnung mit Familie Hagel und ihrem Team strahlt und lacht die Sonne. Mit viel Liebe zubereitet gibt es hier seit vier Generationen feine regionale fränkische Spezialitäten, dazu Wild aus heimischer Jagd. Im großen Außenbereich fühlen sich an warmen Tagen vor allem viele Familien wohl, die den Sonnenhof zu ihrem Lieblingsausflugsziel erklärt haben. Die Eltern sitzen im gemütlichen Biergarten und genießen die kulinarischen Künste der Küche, während die Kleinen sich auf Spiel- und Bolzplatz nach Herzenslust austoben. Besonders beliebt sind neben den saisonalen Gerichten vor allem die vielen Schnitzelvariationen, die auch in der großen Familienversion bestellt werden können. Genießer sollten sich zudem die Schlemmerwochen notieren. Dabei steht von Oktober bis zum 1. Advent jede Woche unter einem besonderen Feinschmecker-Motto.

Kontakt

Pferch 8, 95463 Bindlach
Tel.: 09208-65820
Fax: 09208-658282
Mail: info@opels-sonnenhof.de

www.opels-sonnenhof.de

Öffnungszeiten

Di, Do bis So 11.00 – 22.00 Uhr
(durchgehend warme Küche bis 21.00 Uhr)
Mo und Mi Ruhetag

Bäckerei Feulner

Die Genuss-Bäckerei

Gutes BROT braucht Zeit – gutes Brot gibt gute ZEIT!
Traditionelle aber moderne Backweise, regionale Produkte und das gewisse Know-how sind der Grundstein für geiles Brot! Allerdings, die beste Zutat für gutes Brot ist ZEIT! In der Bäckerei Feulner wird den Broten die Zeit für besten Geschmack, Bekömmlichkeit und eine lange Frischhaltung gegeben! Regional – traditionell – kreativ, das ist der Beitrag der Familie Feulner zur oberfränkischen Lebensqualität!

Aus einer wahren Bäckerfamilie stammt Florian Pausch, Bäckermeister und Brotsommelier. In 5. Generation betreibt er seit fast 20 Jahren die kleine Familienbäckerei, in der noch drei Generationen tätig sind: „Meine Oma Lisbeth (79), die gute Seele, ist noch mitten im Geschehen. Meine Mama ist eine große Stütze und auch mein Vater, ja die ganze Familie hilft regelmäßig mit, wofür ich allen sehr dankbar bin."

Kontakt

Neustädtlein 44, 95488 Eckersdorf
Tel.: 09271-614
Mobil: 0175-4319885
Mail: baeckereifeulner@t-online.de

www.dergenussbaecker.de

Öffnungszeiten

Di bis Do	6.00 – 13.00 Uhr
Fr	6.00 – 18.00 Uhr
Sa	6.00 – 12.00 Uhr
Donndorf:	
Di bis Fr	6.00 – 18.00 Uhr
Sa	6.00 – 18.00 Uhr

Anisbrezen

Die aphrodisierende Saisonbreze

Die Anisbreze ist ein typisch oberfränkisches Gebäck, das in Bayern und im übrigen Deutschland nahezu unbekannt ist. Sie wird aus einem Teig ähnlich dem Semmelteig hergestellt, dem reichlich Anis zugegeben wird. Anis stammt als wild wachsende Gewürzpflanze aus dem mediterranen Raum und wurde schon im Mittelalter gerne zum Würzen von Speisen und Getränken verwendet. Traditionell wird Anis zum Backen zwischen dem Andreastag (30. November) und Aschermittwoch, in manchen Gegenden auch bis Gründonnerstag verwendet.

Die Breze ist eines der bekanntesten Gebildbrote im Bäckerhandwerk. Seit dem Beginn des 14. Jahrhunderts bis heute ist sie das Zunftzeichen der Bäcker schlechthin. Brezen wurden aber schon im frühen Mittelalter, vielleicht ursprünglich als Devotionsgebäck, in den ältesten Klöstern gebacken. So könnte die Form und auch der aus dem lateinischen Wort „brachiolum" (= Ärmchen) abgeleitete Name auf einen Mönch hindeuten, der die Arme zum Beten verschränkt.

Im Gegensatz zur Laugenbreze werden die Arme der oberfränkischen Anisbreze aus einem dickeren, fast gleichmäßigen Strang gezogen. Außerdem wird sie recht hell und weich gebacken.

Kurzinfo

Brezen werden seit dem Mittelalter in Oberfranken gebacken. Das Brezenbackrecht wurde genau überwacht. Anisbrezen werden traditionell vom 30. November bis Aschermittwoch oder Gründonnerstag gebacken. In manchen Regionen ist der Zeitraum auf die Tage zwischen Weihnachten und Neujahr begrenzt.

TIPP: Brezen sollte man möglichst frisch verzehren oder sofort einfrieren und kurz aufbacken!

Anisbrezen haben in Oberfranken, speziell aber in den Regionen um Hof, Stadtsteinach, Schwarzenbach an der Saale, Bayreuth, Bad Berneck, Weidenberg und Creußen eine lange Tradition. Im Brauchtum konzentriert sich die Anwendung von Anis als anregend-stimulierendes Gewürz vor allem auf den Spätherbst und die Wintermonate. So wurden in Norddeutschland Aniskringel zum Erntedank oder zu den (meistens nach der Erntezeit stattfindenden) Hochzeiten gebacken. Neben schleimlösenden und die Magensäfte anregenden Eigenschaften schrieb man dem Anis in vielen ländlichen Gegenden eine aphrodisierende Wirkung zu. Auch deshalb wurde er nach Abschluss der Feldarbeit im Herbst, wenn man sich wieder den häuslichen Pflichten zuwendete, gerne Getränken und Speisen zugemischt. Am Andreastag (30. November), der deshalb häufig als Hochzeitstag oder als Termin für Liebesorakel gewählt wurde, sollte Anis seine beste Wirkung erzielen.

Genusstipp

Anisbrezen schmecken sehr gut frisch mit Butter zum Kaffee (gerne wurde früher auch in den Kaffeetopf eingetaucht), gelegentlich auch zum Punsch. Auch zur Brotzeit mit Wurst und Käse oder zu deftigem Essen wie Schlachtschüssel, Krenfleisch, Sülze und Braten sind sie zu Bier und Wein eine angenehm würzige Beilage. Anis ist ein ausgesprochen wohltuendes Wintergewürz.

Zutaten & Rezept

In 1800 g fertigen Semmelteig werden 100 g Roggenmehl, 5 g Salz, 10 g Zucker, 20 g Milchpulver, 40 g Butter und 40 g in Milch eingeweichter Anis geknetet.

Diese Menge ergibt 30 köstlich knusprige Anisbrezen.

Geseeser Landbäckerei

Geseeser Landbäckerei

Geschätztes aus Gesees

Bereits in der vierten Generation wird die Geseeser Landbäckerei von der Familie Schatz geführt – seit 2010 von Sylvia Schatz-Seidel und ihrem Mann und Bäckermeister Wolfgang. Nach alter Tradition und alten Rezepten werden die Brote mit eigens gezogenem Natursauerteig hergestellt. Besonders stolz ist das gesamte Team auf den goldprämierten Weiglataler 6-Pfünder und natürlich die sehr beliebten Schatz'n-Küchla. Aber nicht nur die Backstube hat sich einen guten Namen in der Region erarbeitet. Auch die Konditorei kann nicht nur süße Vielfalt, sondern zeichnet sich durch Kreativität für außergewöhnliche Torten auf Kundenwunsch aus. Seit 2017 strahlt das Hauptgeschäft in Forkendorf mit einem einladenden Café im neuen Glanz. Die leckeren Backwaren sind aber auch in weiteren fünf Filialen, auf dem Viktualienmarkt und dem Wochenmarkt in der Rotmainhalle in und um Bayreuth erhältlich.

Kontakt
Sophienbergweg 9, 95494 Gesees
Tel.: 09201-917560
Fax: 09201-917562
Mail: info@geseeser-landbaeckerei.de
www.geseeser-landbaeckerei.de

Öffnungszeiten

Mo bis Fr	6.00 – 18.00 Uhr
Sa	6.00 – 13.30 Uhr
So	7.00 – 10.00 Uhr

Brandholzer Brennerei Werner Ott

Humboldt als Likör

Werner Ott startete 1982 seine Destillationskarriere. Das Studium der Brennkunst an der Universität Hohenheim ermöglichte ihm von Anfang an nur höchste Qualität herzustellen, und so regnete es seitdem Prämierungen und Medaillen aller Art. Mittlerweile besteht das Sortiment aus 32 Bränden und Likören, darunter ein Kräuterlikör, der an die Goldabbautradition Goldkronachs erinnert, ein nach Alexander von Humboldt benannter, bundesweit nachgefragter Likör, sowie ein edler Williamsbrand, der zum 50. Geburtstag der Gorch Fock die Weltmeere bereiste und seitdem beliebtes Gastgeschenk der deutschen Marine ist. Werner Ott beschäftigt sich bei Obstbränden und Geisten intensiv mit der Besonderheit der Lagerung in speziellen Holzfässern. Auch hat er eine vielfältige Genusspalette an Likören entwickelt, darunter einen Likör für die Weihnachtszeit, der großen Anklang findet. Neu im Sortiment: GIN Franken Dry und GIN Franken Flower sowie Wodka aus Zutaten aus der Genussregion.

Kontakt

Fürstenzeche 13, 95497 Goldkronach
Tel.: 09273-7558
Fax: 09273-5029502
Mail: brennerei-ott@brennerei-ott.com
www.brennerei-ott.com

Öffnungszeiten

Mo bis Fr	8.00 – 18.00 Uhr
Sa	9.00 – 12.00 Uhr

Rösterei Garten-Café

Bluus in Frangn bschdelln sich die Leud an „Exbresso"

Als Kaffee-Kleinröster produziert die Rösterei Garten-Café Spezialitätenkaffees und Sonderröstungen nach Slow-Food-Kriterien. Guter Kaffee braucht vor allem eins: Zeit. Jede Bohnensorte und jede Mischung hat ihren eigenen idealen Röstgrad. Und auch nicht jede Ernte ist gleich. Das erfordert viel Muße und Leidenschaft für das Produkt. Der gerechte Handel mit angemessenen Preisen für die Kaffeebauern ist dabei genauso wichtig, wie die handwerkliche und langsame Trommelröstung. Alles zusammen macht den besonderen Genuss. Das hauseigene Grundsortiment umfasst 18 Kaffeesorten aus den besten Anbaugebieten der Welt. Der Betrieb ist Bio-zertifiziert und Wolfgang Bornschlegel und sein Team engagieren sich bei der Genussregion Oberfranken, der Dachmarke Bayreuther Land, der Künstlerkolonie Fichtelgebirge, foodwatch, ProSpecieRara und beim Bund Naturschutz. Ihr Bestreben ist es, beim Verbraucher mehr Wertschätzung für hochwertige Lebens- und Genussmittel zu erzeugen.

Kontakt

Dr.-Landgraf-Straße 7
96142 Hollfeld
Tel.: 09274-8083220
Fax: 09274-8085723
Mail: info@garten-cafe.eu
www.garten-cafe.eu

Hinweis

Alle Produkte sind erhältlich im Online-Shop und bei verschiedenen Verkaufsstellen (REWE, EDEKA und BIO-Läden), die Adressen finden sie ebenfalls auf der Website.

Buchauer Holzofenbäckerei

Fränkisches Urbrot

Die Buchauer Holzofenbäckerei stellt seit nunmehr gut 30 Jahren Brot in seiner ursprünglichen Form her. Dabei wird auf Zusatzstoffe und Konservierungsmittel nachdrücklich verzichtet. Das Getreide stammt aus spritzmittelfreiem und neutral kontrolliertem Vertragsanbau heimischer Landwirte. Von Bedeutung sind Produktqualität, sowie die Kontrolle und Nachvollziehbarkeit einer umweltgerechten Produktion durch vollständige Dokumentation. Gerade nach diversen Lebensmittelskandalen ist der Wunsch nach Ehrlichkeit und Aufrichtigkeit größer geworden, und daher ist dieses K onzept zukunftsweisend, sowohl für die Konsumenten, wie auch für die Landwirte und die Natur. Basis für die Brote ist Sauerteig, der im eigenen Hause hergestellt und dem Brotteig zugegeben wird. Die Verbindung von mehrstufiger Sauerteigführung und Teigherstellung bei optimal abgestimmter Gare mit dem Backen in Holzbacköfen führt zu einem ganz besonderen Brot, das von den Kunden sehr geschätzt wird.

Kontakt

Lehm 6, 91257 Pegnitz
Tel.: 09241-8121
Fax: 09241-7744
Mail: buchauer@holzofenbrot.de

www.holzofenbrot.de

Öffnungszeiten

Mo bis Fr	6.00 – 18.00 Uhr
Sa	6.00 – 13.00 Uhr

Speckkuchen (süß)

Deftiger Name – süßer Geschmack

Die Oberfranken haben eine Neigung, verschiedene Mehlspeisen sowohl auf eine süße als auch auf eine pikante Art anzurichten. Beim süß zubereiteten Speckkuchen war der Name aber wohl vor allem augenzwinkernd gemeint. Es handelt sich dabei um ein Kerwa-Gebäck (u.a. in der Region um Bayreuth), das aus einem guten Hefeteig zubereitet wird. Dieser wird zum Fladen ausgerollt und mit Ei oder auch einer Quarkmasse bestrichen. Dann werden Rosinen in den Teig gedrückt, so dass dieser einem pikant belegten Speckkuchen ähnelt.

Im Frankenwald werden Speckkuchen auch als Blechkuchen zubereitet und zu verschiedenen familiären Anlässen gegessen. Wer es etwas üppiger mag, verwendet einen Überzug aus einer Buttercreme und verziert diese mit Rosinen und gehackten Nüssen.

Kurzinfo

Der süße Speckkuchen ist seit dem 19. Jahrhundert im bayreuther Raum belegt. Hier kann die Spezialität ganzjährig, vor allem aber zur Kerwa-Saison gefunden werden.

TIPP: Frisch gebacken und knusprig-warm verzehrt sind Speckkuchen zum Kaffee ein echter Genuss!

Rezept | Süßer Speckkuchen

Den Hefeteig rund ausrollen und auf ein gefettetes Backblech legen. Den Kuchen abdecken und angehen lassen. Danach mit Ei bestreichen und die gewaschenen Rosinen ungleichmäßig in den Teig drücken. Saftig und hell ausbacken. Den abgekühlten Kuchen gegebenenfalls mit Zuckerguss bestreichen.

Zutaten

500 g Weizenmehl, 75 g Zucker, 100 g Butter, 30 g Hefe, 8 g Salz, 2 Eier und 220 g Milch, Zitronenabrieb und etwas Vanille, 100 -150 g Rosinen, alternativ Quarkcreme oder Buttercreme nach Geschmack

Gebhardtshofer Landgeflügel

Huhn gut, alles gut – beste Eier aus Überzeugung

So könnte wohl die Kurzform der Philosophie von Familie Heintke lauten. Denn sie wissen: Um gesunde, qualitativ hervorragende Eier zu liefern, muss sich das Huhn wohlfühlen. Und das garantiert Ihnen Familie Heintke vom Gebhardtshof.

Die Gebhardtshofer Weidehennen genießen alle Vorteile der Freilandhaltung: Auslauf, soweit die Hühnerfüße tragen, und eine vielseitige Ernährung mit natürlichen Futtermitteln. Als Dankeschön erhält die Familie von den glücklichen Hühnern geschmacksintensive, dicke Eier. Und die erhalten Sie in ausgewählten Märkten in Ihrer Nähe.

Überzeugen Sie sich selbst von den Eiern der Weidehennen von Familie Heintke und schmecken Sie deren Qualität.

TIPP: Die hausgemachten Eier-Nudeln und der leckere Eierlikör aus eigener Produktion – Qualität und Geschmack!

Gebhardtshofer Weidehennen stehen für:

- Intensiven Geschmack
- Kein Zukauf von Eiern
- Keine Gentechnik
- Artgerechte Haltung

Von Gebhardtshof in die Märkte Ihrer Nähe und von dort auf Ihren Tisch – die Wege der Freilandeier von Familie Heintke sind so kurz wie nur möglich und liefern Ihnen maximale Frische und Geschmack. Setzen auch Sie auf regionale Qualitätseier aus umwelt- und tierfreundlicher Haltung!

Kontakt
Gebhardtshof 21
95466 Weidenberg
Tel.: 09209-213
Fax: 09209-1584
Mail: gebhardtshofer.weidehennen@t-online.de

Unsere Produkte ...

... erhalten Sie in ausgewählten Märkten im Raum Bayreuth und Weidenberg.

Eierringe

Ein Gebäck mit viel Tradition

Eierringe sind vor allem in der Region um Bayreuth und Teilen des Frankenwaldes ein altes und traditionsreiches Brauchtumsgebäck zu Ostern, das aus einem süßen Hefeteig hergestellt wird. Der Überlieferung nach symbolisieren sie die Dornenkrone Christi. Im österlichen Brauchtum sind sie der Mittelpunkt des Patenbündels, das dem Patenkind überreicht wird.

Darüber hinaus gehören Eierringe in vielen Familien zu den wichtigsten österlichen Frühstücks- und Kaffeegebäcken. Mit Butter und Marmelade sind sie ein Hochgenuss, mit Schinken oder Käse ein Traum! In vielen oberfränkischen Gemeinden in und um Bayreuth und im Frankenwald ist es noch heute Brauch, dass die Pateneltern ihre Patenkinder zu Ostern mit einem „Patenbündel" beschenken.

Kurzinfo

Auch heute gibt es in und um Bayreuth kaum einen österlichen Frühstückstisch, in dessen Mitte nicht ein mit Eiern verzierter Osterring oder ein goldgelb gebackener Osterkuchen prangt. Mit guter Butter bestrichen, dazu Marmelade und Honig, ist der Eierring ein Hochgenuss. Durch den geringen Zuckeranteil im Teig eignet er sich aber auch hervorragend zu Käse, Schinken und Lachs.

TIPP: Eierringe schmecken am besten frisch! Über die Ostertage kühl und dunkel (nicht im Kühlschrank) in Folie lagern!

Die in einem weißen Leintuch eingeschlagene „Patenwor" (= Patenware, im Bayreuther Land auch Patenzeug genannt) wird jedes Jahr an den Ostertagen zum Patenkind gebracht, bis es konfirmiert wird. Das Patenbündel besteht aus dem Osterring, der auf einen Teller mit zwölf bunt gefärbten Ostereiern gesetzt wird, sowie Osterhasen, Spielzeug und Kleidungsstücken. Früher schenkte man gerne Teller, Tassen und Gläser mit Goldrand und persönlicher Widmung. Zur Konfirmation war dann ein ganzes Aussteuergeschirr komplett. Noch heute sind solche Patengeschenke begehrte Sammlerstücke. Natürlich spielten bei den Patengeschenken auch Standesunterschiede eine Rolle. Ein bekanntes Sprichwort sagt daher: „Je reicher der Pat, desto größer das Patenbündel." Der Eierring aus süßem Hefeteig war jedoch immer dabei – und er schmeckt auch heute noch so wie in alten Zeiten.

Rezept | Eierring

Von einem Viertel des Mehles macht man mit der Hefe und einem Teil der Milch einen Vorteig, den man gut aufgehen lässt. Erst dann werden die übrigen Zutaten zusammen mit dem „Dämpfchen" (= Vorteig) zu einem glatten Teig verarbeitet. Bei kürzerer Teigruhe von 10 Minuten können die Flechtstränge glatter und exakter geformt werden. Teigstränge sehr gleichmäßig lang und dick formen. Je nach Geschick einen Dreier- oder Viererzopf flechten. Die Teigenden gut miteinander verbinden und eine kleine Teigschnecke oder ein Häschen zum Schmuck auflegen und gut festdrücken. Die gut angegangenen Eierringe sorgfältig mit Eierstreich abglänzen. Gut aufgehen lassen und bei 200 °C goldgelb backen.

Zutaten

für einen mittelgroßen Eierring:

- 600 g Weizenmehl Type 550
- 200 g Butter
- 2 Eier
- 2 Eigelb
- 10 g Salz
- 30 g Zucker
- 25 g Hefe und etwas Milch

Lindner's Hausmetzgerei

Vom Leberpresssack bis zum Bio-Angus-Filet

Markus Lindner, der 2001 eigentlich nur einen kleinen Nebenerwerb aufbauen wollte, konnte in kürzester Zeit eine große Fangemeinde für sich und seine Kreationen gewinnen. Und diese können sich sehen lassen! Jede einzelne wird vom Metzgermeister und seinem Team selbst hergestellt, was die Auswahl jedoch in keiner Weise einschränkt. Das Sortiment reicht von üppigen Frischwurstaufschnitten bis zum deftigen Geräucherten und über würzige Salami und fränkische Klassiker wie Leberpresssack bis zu saisonalen Raritäten vom Wild und Schaf. Auch für die schnelle Küche bietet die Hausmetzgerei eine leckere Auswahl. Egal ob küchenfertige Gerichte in der Dose oder feinste Grillspezialitäten, für jeden ist etwas dabei. Das Fleisch von Landwirten des Bayreuther Landes wird hier neben der handwerklichen Verarbeitung auch im Dry-Age-Schrank veredelt. Auf diese Weise gereifte Spezialitäten – ob vom Bio-Angus, vom Charolais-Rind oder vom Schwein -– sind so gefragt, dass man diese vorbestellen sollte.

TIPP: Der Verkaufsautomat 24/7 – eine Auswahl an Produkten ist in Weidenberg am Winter-Ring 17 erhältlich!

Helden der Landschaft

Seit 2019 gehören zum Sortiment der Metzgerei Produkte vom Schaf aus eigener Haltung. Die zur Landschaftspflege auf Streuobstwiesen und an Steilhängen eingesetzte alte Schafrasse „Coburger Füchse" ist für die landschaftlichen Gegebenheiten und das Klima besonders gut geeignet. Während der ganzjährigen Weidehaltung auf den extensiv genutzten Flächen rund um Weidenberg steht der Herde ein großer Artenreichtum an Pflanzen, Gräsern und Kräutern zur Verfügung. Im Winter bekommen die Tiere ausschließlich Heu und Getreide von lokalen Landwirten. Diese Haltung verleiht dem Lammfleisch sein besonderes Aroma, einen hohen Eiweißgehalt und einen geringen Fettanteil. Familie Lindner bietet so ein rundum nachhaltiges Produkt an, welches im Vergleich zu handelsüblichen Lammprodukten komplett auf Kraftfutter und lange Transportwege verzichtet.

Kontakt

Glasstraße 4, 95466 Weidenberg
Tel.: 09278-7446
Mail: info@hausmetzgerei-lindner.de

www.hausmetzgerei-lindner.de

Öffnungszeiten

Mo und Mi	7.30 – 13.00 Uhr
Do und Fr	7.30 – 13.00 Uhr
und	14.30 – 18.00 Uhr
Sa	7.00 – 12.00 Uhr

Aktuelle Öffnungszeiten siehe Website

Was macht eigentlich ein Genussbotschafter?

Mehr als 320 regionale Spezialitäten, 200 Genusserlebnisse und Genusstouren durch die neun Landkreise des Bezirks – Oberfranken hat vielerlei Genüsse zu bieten. Sie können diese Vielfalt beim Schmökern in diesem Buch und auf www.genussregion-oberfranken.de kennenlernen. Wer sich intensiver mit oberfränkischer Kulinarik beschäftigen und zum Beispiel das Geheimnis hinter evangelischen und katholischen Bratwürsten kennenlernen möchte, dem empfehlen wir den Besuch bei einer/einem unserer Genussbotschafterinnen und Genussbotschafter.

Maßgeschneiderte Angebote

Genussbotschafter sind Menschen, die Oberfranken lieben und diese Liebe mit anderen Menschen teilen wollen. Sie arbeiten daher an der Schnittstelle zwischen Tourismus und Kulinarik. Sie ermöglichen Gästen aus verschiedensten Zielgruppen individuell angepasste Genusserlebnisse: Das kann eine Kräuterwanderung sein, eine Bierverkostung, ein Klöß'-Kochkurs oder eine kulinarische Stadtführung. Zielgruppen sind Touristen, Neugierige, Familien – kurz, alle, die mehr über unser schönes Oberfranken und seine kulinarische Vielfalt wissen möchten.

Genussbotschafter sind tätig als Gästeführerinnen, als Naturparkranger, als Gastronomen, Lehrerinnen oder Lebensmittelhandwerker. Ihnen allen gemeinsam ist die Liebe zu Oberfranken und der Wunsch, diese Begeisterung nach außen zu tragen. In einem mehrtägigen Intensivseminar vermitteln hochkarätige Dozentinnen und Dozenten Grundlagenwissen über Oberfrankens Küche, über Land- und Teichwirtschaft, über Brauchtum und Tourismus sowie Vorschriften im Umgang mit Lebensmitteln und vieles mehr. Außerdem lernen die Teilnehmenden, wie sie eigene Genusserlebnisse entwickeln und durchführen.

WAS IST EIN GENUSSBOTSCHAFTER?

Im Kern der Tätigkeit als Genussbotschafter geht es um die touristische Vermarktung Oberfrankens als Genussregion. Denn das Thema Kulinarik rangiert laut einer Umfrage des Tourismusverbandes Franken nach dem Erkunden der Landschaft und dem Erleben der Städte an dritter Stelle der Prioritätenliste der Urlauber und Ausflügler, die nach Oberfranken kommen. Genussbotschafter kennen nicht nur die Antwort auf die Frage „Wo gibt's das beste Bier und das beste Schäufele?“, sondern können auch erklären, warum gerade Oberfranken eine so große Vielfalt unter anderem an Brauereien aufweist.

Genussregion erleben – das heißt für die Gäste: Unsere Angebote und Erlebnismöglichkeiten gehen über den bloßen Einkauf regionaler Lebensmittel und den Besuch von Biergärten hinaus. Der Verein Genussregion Oberfranken hat dazu ein Projekt initiiert, das durch das Bayerische Staatsministerium für Ernährung, Landwirtschaft und Forsten, den Europäischen Landwirtschaftsfonds für die Entwicklung des ländlichen Raums (ELER) und die Oberfrankenstiftung gefördert wurde. Die Internetseite des Vereins listet unter dem Stichwort „Erleben“ eine Sammlung von rund 200 Genuss-Erlebnissen auf, die dazu einladen, die Genussregion Oberfranken einmal ganz anders zu erleben. Außerdem finden Sie hier die Beschreibung der Genusstouren durch die neun Landkreise.

Genussbotschafter arbeiten auch zum Beispiel mit Hotels, Tourismuseinrichtungen, Volkshochschulen und anderen Bildungsinstitutionen sowie Museen zusammen und veranstalten dort besondere kulinarische Mitmachaktionen, wie zum Beispiel Koch- und Backkurse, Wurstseminare, kulinarische Spaziergänge und vieles mehr. Zielgruppe sind neben Einzelreisenden vor allem auch Busgruppen.

Weitere Anbieter im Landkreis Bayreuth

Bärnschenk
Bärnreuth 24
95460 Bad Berneck
Tel.: 0173-6808943
Mail: rw@wun-ro.de

Partyservice Wildfarm Kaufmann
Bärnreuth 67
95460 Bad Berneck
Tel.: 09273-1538
Mail: wildfarm-badberneck@
t-online.de

Plassenburg Kelterei eG
Bahnhofstraße 75
95460 Bad Berneck
Tel.: 09273-403
Mail: info@plassenburg-kelterei.de

www.plassenburg-kelterei.de

Bayreuther Bierbrauerei AG
Hindenburgstraße 9
95445 Bayreuth
Tel.: 0921-401202
Fax: 0921-401104
Mail: brauerei@bayreuther-bier.de

www.bayreuther-bier.de

Becher-Bräu e.K.
St.-Nikolaus-Straße 25
95445 Bayreuth
Tel.: 0921-68993
Fax: 0921-513511
Mail: info@becherbraeu.de

www.becherbraeu.de

Weitere Anbieter im Landkreis Bayreuth

Feinkost Schmauß

Heinrich-von-Kleist-Straße 36
95447 Bayreuth
Tel.: 0921-67081
Mail: christian-schmauss@web.de

www.feinkost-schmauss.de

Fuhrmanns Backparadies

Rodersberg 4
95448 Bayreuth
Tel.: 0921-92575
Fax: 0921-970019
Mail: fuhrmanns.back@gmx.de
www.fuhrmanns-backparadies.de

Funsch Marzipan GmbH

Karl-von-Linde-Straße 2
95447 Bayreuth
Tel.: 0921-13232
Fax: 0921-13014
Mail: info@funsch.com

www.funsch.de

Gaststätte, Metzgerei & Partyservice Maisel

Varellweg 1
95448 Bayreuth
Tel.: 0921-92651
Fax: 0921-980670
Mail: info@gaststaette-maisel.de
www.gaststaette-maisel.de

Herzogkeller

Hindenburgstraße 9
95445 Bayreuth
Tel.: 0921-43419
Fax: 0921-2899275
Mail: info@herzogkeller.de

www.herzogkeller.de

weitere Anbieter im Landkreis Bayreuth

Lohmühle Hotel-Restaurant
Badstraße 37
95444 Bayreuth
Tel.: 0921-53060
Fax: 0921-5306469
Mail: info@hotel-lohmuehle.de

www.hotel-lohmuehle.de

Metzgerei Helmut Parzen
Königsallee 52
95448 Bayreuth
Tel.: 0921-97494
Fax: 0921-97496
Mail: info@metzgerei-parzen.de

www.metzgerei-parzen.de

Metzgerei Martin Imhof e.K.
Alexanderstraße 12
95444 Bayreuth
Tel.: 0921-27478
Fax: 0921-12130
Mail: info@metzgerei-imhof.de

www.metzgerei-imhof.de

Metzgerei Wiesenmüller GmbH & Co. KG
Gottlieb-Keim-Straße 2
95448 Bayreuth
Tel.: 0921-9800865
Fax: 0921-9800866
Mail: thomas.wiesenmueller@gmx.de

Metzgerei Dünkel
Steigstraße 25
95463 Bindlach
Tel.: 09208-5089
Fax: 09208-580196
Mail: info@metzgerei-duenkel.de

www.metzgerei-duenkel.de

weitere Anbieter im Landkreis Bayreuth

Bäckerei Höss
Webergasse 29
95694 Mehlmeisel
Tel.: 09272-6313
Fax: 09272-6313
Mail: johanneshoess@gmx.de

Metzgerei Böhmer
Schrenkersberg 1
95515 Plankenfels
Tel.: 09204-740
Fax: 09204-918635
Mail: info@weiderindfleisch-boehmer.de

www.weiderindfleisch-boehmer.de

Kontakt
Würnsreuth 10
95517 Seybothenreuth
Tel.: 09209-823
Fax: 09209-16446
Mail: info@ziegenhof-wuernsreuth.de
www.ziegenkaeserei-wuernsreuth.de

LEHEN Privatkelterei e.K.
Lehen 11
95466 Weidenberg
Tel.: 09209-271
Fax: 09209-16180
Mail: info@lehen.net

www.lehen.net

Landschaftspflegeverband Weidenberg und Umgebung e.V.
Rathausplatz 1
95466 Weidenberg
Tel.: 09278-97731
Tel.: 09278-97736 C. Schamel
Mail: lpv-weidenberg@gmx.de
www.apfel-grips.de

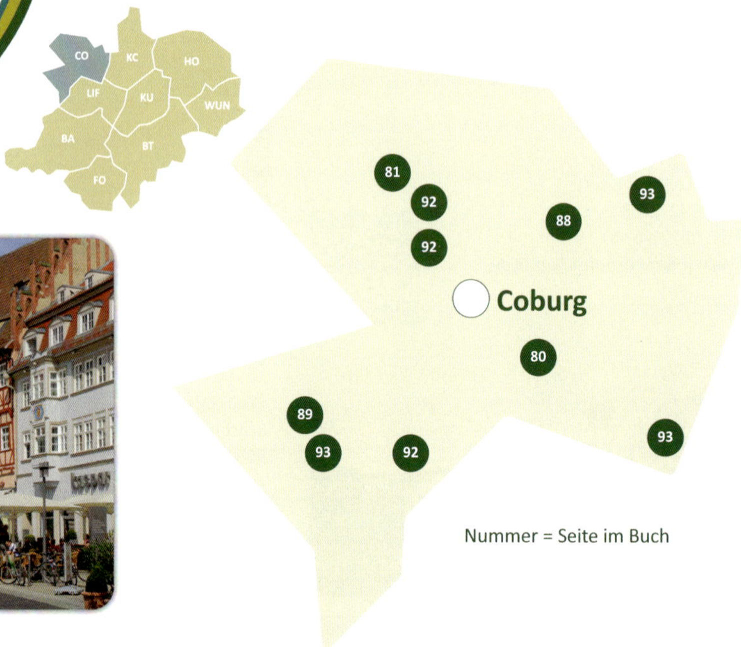

Rutscher für's Königshaus

Die „Residenzler" gehören erst seit 100 Jahren zu Bayern, haben sich aber mittlerweile gut eingelebt. In Sachen Genuss bereichern der Genussort Coburg und sein Umland das restliche Oberfranken ungemein, man mag nur an die berühmten „Coburger Rutscher" oder die „Coburger Bratwurst" denken. Außerdem hat die Genussregion Oberfranken so einen direkten Draht zum englischen Königshaus, dessen Vertreter des Öfteren vorbeischauen und dann vor allem die kulinarischen Highlights der Franken genießen. Mit Seßlach gibt es einen weiteren Genussort in dieser Region, der vor allem rund um die Bierkultur viel zu bieten hat. Echtes Kommunbrauerbier und die spektakulären Feste – wie übrigens auch in Coburg das Samba-Festival – sollten hier zum Pflichtprogramm gehören!

Anbieterportraits Coburg Stadt & Land

Spezialitäten, Rezepte und Genusstour

Coburger Bratwurst

31 Zentimeter Glück

Seit Mitte des 17. Jahrhunderts steht auf dem Giebelspitz über der Fassade des Coburger Rathauses der Bratwurstmohr, der in seiner rechten Hand das Bratwurstmaß präsentiert. So jedenfalls will es die Legende, denn tatsächlich handelt es sich um den Coburger Stadtpatron, den römischen Legionär und Märtyrer Mauritius, der als Zeichen seines Ranges einen Marschallstab trägt.

Dennoch wacht er zugleich offiziell über die Einhaltung des Coburger Bratwurstmaßes. Denn dieser Stab gilt den Bürgern als Richtschnur für die Länge der berühmten Coburger Würste. Allerdings steht erst seit 1982 genau fest, wie lang eine echte Coburger tatsächlich ist, nämlich exakt 31 cm. Stilecht wird die Coburger Bratwurst im so genannten „Schleiß" oder „Bändel" abgefüllt. Dabei handelt es sich um den nicht von seiner Fettschicht befreiten Dünndarm des Schweins. Darin lässt sich die Wurst über einem offenen Feuer braten ohne auszutrocknen. Zünftig gegessen wird sie übrigens in einem „Weckla", das nach Coburger Schnitt von oben und nicht von der Seite aufgeschnitten wird.

Kurzinfo

Die Urrezeptur der Coburger Bratwurst soll auf das 15. /16. Jahrhundert zurück gehen. Das verwendete Fleisch wird traditionell etwa erbsengroß gewolft und gemäß alter Überlieferung in Schweinebändel/Schleißdärme abgefüllt. Eine Coburger Bratwurst wiegt normalerweise mindestens 100g.

TIPP: Die Wurst wird meist im halben Doppelbrötchen, das vertikal geschnitten wird, serviert!

Die genaue Datierung der ersten Coburger Bratwurst ist ein konstanter Streitfall unter fränkischen Chronisten. Einige behaupten, dass sie bereits im 15. Jahrhundert erstmals in Coburg erwähnt wurde. So soll aus dem ältesten Speisezettel des Coburger Georgenspitals aus dem Jahr 1498 hervorgehen, dass von den letzten Schweinen, die vor der Fastnacht geschlachtet wurden, jedem Coburger Kind und jedem Armen im Spital je zwei Bratwürste gegeben worden sind. Für andere gilt erst das Jahr 1530 als „Geburtsdatum" der Coburger Bratwürste. So soll sie für die Verpflegung Martin Luthers und des kurfürstlich sächsischen Reisezugs entwickelt worden sein, als sich dieser während der Verhandlungen über die Confessio Augustana in Coburg aufhielt.

Nur vom Feinsten

Die Coburger Bratwurst ist aufgrund ihrer traditionellen Machart und des verwendeten Naturdarmes eine ganz besondere Variante der Fränkischen Bratwurst (Leitsatz-Kennziffer 2.221.11). Sie wird bei allen offiziellen Anlässen in der Stadt Coburg traditionell gemäß folgender Kriterien hergestellt:

Zutaten: Mindestens 15% grob entsehntes Rindfleisch, grob entfettetes Schweinefleisch, fettgewebsreiches Schweinefleisch. Ein Kilogramm Fleisch ergibt traditionell 10 Bratwürste. Als Bindemittel durften früher bereits mit Ausnahmegenehmigung rohe Eier verwendet werden. Aktuell ist aus Gründen der mikrobiologischen Sicherheit stattdessen die Verwendung von Vollei (z.B. pasteurisiert) gebräuchlich. Die Würzung erfolgt nach alter Rezepturüberlieferung, u.a. mit Salz, Pfeffer, Muskat und Zitrone.

Aufbewahrung

Wie alle sensiblen rohen Hackfleischerzeugnisse sollte die Coburger Bratwurst nur gut gekühlt gelagert werden (Empfehlung: bei maximal 4°C) und am Tag nach der Herstellung durcherhitzt bzw. gegrillt oder durchgebraten und natürlich am besten gleich verzehrt werden.

Mein Körperstil

Gutes & Schönes

„Ein genussvolles Leben durchs Jahr erleben und in Einfachheit das SEIN genießen." Das ist das Motto von Angelika Meindlschmidt. Gemeinsam mit der Familie, mit Freunden und mit Gästen zu essen erfüllt sie mit Freude. In ihrer Küche pflegt sie eine sorgsame Verarbeitung von Lebensmitteln. Hier gibt es Schmackhaftes, wie es ihre Oma zubereitete, und es heute noch ihre Kinder lieben. Aus dem Garten wird viel Apfelfeines von der Ernte bis zur Ernte verarbeitet und immer wieder neu kreiert. Die Vielseitigkeit des heimischen Apfels begeistert sie besonders. Alle Speisen und Produkte sind so wenig wie möglich verändert und selbstgemacht. Was nicht im Garten geerntet werden kann, kauft die Hauswirtschaftsmeisterin regional und saisonal ein. Die Fruchtaufstriche, Bio-Kaffee, Seifen, Naturkosmetik und mehr sind ihr Angebot. Angelika Meindlschmidt ist seit 2010 mit ganzheitlichen Gesundheitsthemen und Persönlichkeitsentfaltung erfolgreich.

Kontakt

Buscheller 10
96271 Grub am Forst
Tel.: 09560-792
Mail: info@mein-koerperstil.de

www.mein-koerperstil.de

Öffnungszeiten

Do	10.30 – 16.00 Uhr
Sa	10.00 – 14.00 Uhr

Weitere Termine nach vorheriger Absprache.

Hessenhof

Bundesweiter Vorzeigehof

Der Hessenhof kann zwar eine stattliche Anzahl an Hühnern, Schweinen, Schafen und Rindern vorweisen, allerdings schafft man es in enger Zusammenarbeit mit dem Bundesverband Tierschutz e.V., ein Maximum an artgerechter Haltung zu erreichen. Schon 1695 wurde der Hof der Familie Hess erstmalig urkundlich erwähnt. Seitdem hat sich viel getan. Neben dem Umzug zu neuen Orten zählt sicherlich auch die Gastronomie zu den wichtigsten Erweiterungen. Vormerken sollten Sie sich das Hoffest, das alle zwei Jahre stattfindet und einen spannenden Einblick in die vielen Facetten des Familienbetriebes gibt.

Kontakt

Öttingshäuserstraße 16
96484 Meeder-Großwalbur
Tel.: 09566-809771
Fax: 09566-809772
Mail: hessenhof@t-online.de
www.hessenhof-coburg.de

Öffnungszeiten

Mo bis Fr	10.00 – 18.00 Uhr
Sa	10.00 – 12.00 Uhr

Außerhalb dieser Zeiten
Selbstbedienung möglich

Coburger Schmätzchen

Ein kleiner Kuss Genuss

Eine kulinarische Zärtlichkeit besonderer Art sind die Coburger Schmätzchen. Im Coburger Dialekt bedeutet „Schmätzle" nämlich eigentlich so viel wie „Küsschen". Wer also die köstlichen, fein würzigen Honigplätzchen verschenkt, meint es mit dem Empfänger oder Empfängerin dieser Gabe ganz besonders gut. Die Konsistenz des runden Lebkuchengebäcks ist fest, mit spürbaren Stücken von Haselnüssen, Orangeat und Zitrusfrüchten. Mit feinem Schokoladenüberzug und einem Tupfen echtem Blattgold werden sie auch unter dem Namen „Coburger Goldschmätzchen" verkauft.

Das Coburger Schmätzchen oder volkstümlich „Schmätzle", also „Küsschen" genannte Gebäck war ursprünglich ein im thüringer Raum verbreitetes einfaches Siruplätzchen, das den Kindern beim Kaufmann zugesteckt wurde. Dies brachte den nach erfolgreichen Lehr- und Wanderjahren nach Coburg zurückkehrenden Bäckermeister Wilhelm Feyler auf die Idee, daraus eine mit Mandeln, Bienenhonig, Gewürzen und Zitrusaromen verfeinerte Spezialität zu entwickeln. Diese wurde bald zu einer über Coburgs Grenzen hinaus bekannten Köstlichkeit.

Kurzinfo

Das Coburger Schmätzchen ist seit 1904 durch die Konditorei Feyler aus Coburg als eingetragenes Warenzeichen geschützt. Die Rezepturentwicklung durch Wilhelm Feyler ist etwas älter und geht auf eine überlieferte Lebkuchenart in der Region Coburg zurück. In verschlossenen Gebäckdosen lassen sich Coburger Schmätzchen eine lange Zeit frisch halten.

TIPP: Schmätzchen schmecken zu Tee und Kaffee ebenso wie zu einem guten Glas Rotwein oder Punsch!

Wilhelm Feyler gründete am 1. Oktober 1892 in seinem Coburger Anwesen in der Rosengasse Nr. 6 eine Spezial- und Feinbäckerei. Schon fünf Jahre später belieferte er auch das Coburger Herzoghaus mit seinen Erzeugnissen und bekam von Herzog Alfred von Sachsen-Coburg und Gotha die Auszeichnung „Hofbäcker" verliehen. 1907 erfolgte die Ernennung zum „Hoflieferanten" durch ihre Kaiserliche Hoheit, Herzogin Marie von Sachsen-Coburg und Gotha, Großfürstin von Russland. Um die Wende zum 20. Jahrhundert nahm Wilhelm Feyler schließlich an den Weltausstellungen in Paris, Brüssel und Berlin teil, wo seine Spezialitäten mit Goldmedaillen und Ehrenkreuz ausgezeichnet wurden.

Coburger Schmätzchen werden auch heute noch ausschließlich in der in vierter Meistergeneration geführten Lebkuchen- und Feingebäckmanufaktur Feyler in Coburg hergestellt und verkauft.

Zubereitung

Die Herstellung beginnt mit dem Anfertigen eines so genannten Lagerteigs aus flüssigem Honig und Weizenmehl. Dieser ruht zunächst mehrere Monate dunkel, kühl und trocken im Keller und durchläuft dabei einen Reifeprozess, der das Aroma und die Triebkraft des späteren Gebäcks verbessert.

Zur Anfertigung der Schmätzchen wird der Lagerteig erwärmt. Anschließend wird er unter Zugabe von gerösteten Haselnüssen, Mandeln, Zitronat, Orangeat, Honig und feinsten Gewürzen in der Knetmaschine zu einem festen Teig verarbeitet. Dieser wird in kleine, 3 cm große Plätzchen geformt und goldbraun ausgebacken. Nach dem Abkühlen werden die Schmätzchen in historische Packungen und Blechdosen verpackt, die von Coburger Künstlern mit Motiven der Stadt kunstvoll verziert wurden. Als Variante wird das Schmätzchen mit dunkler Schokolade überzogen und von Hand mit einem Tupfen echtem Blattgold verziert.

Zutaten

Weizenmehl, Honig, Zucker, Haselnüsse, Mandeln, Orangeat, Zitronat, Ei, Gewürze und natürliche Aromen.

Seßlach im Coburger Land – ein kulinarisches Stadterlebnis

Gerne laden wir in Seßlach zum kulinarischen Spaziergang ein, denn neben viel gebauter Geschichte hat die Stadt auch hervorragende Spezialitäten zu bieten, die es nur hier gibt.

Typisch für den Geschmack der Region sind kräftige Sauerteigbrote und würzig-rösche Weizenfeingebäcke. In der Bäckerei Schoder, seit 1880 am Ort, erhält man vieles nach guter alter Backtradition aus hausgemachtem Sauer- oder Hefeteig. Mehl und andere Rohstoffe kommen hier selbstverständlich aus der Region und werden in echter Handarbeit und mit viel Liebe zu guten Lebensmitteln verarbeitet. Auch süßes Gebäck, Krapfen, Hefeblechkuchen, Torten, Lebkuchen und vieles mehr gehören je nach Saison zum frischen Angebot der sympathischen Bäckerei. Im kleinen Café nebendran kann man die meisten Spezialitäten auch gleich probieren.

Genusstour Startpunkt: Seßlach

Die Seßlacher Wurstwaren lassen den Coburger Einfluss spüren. Gleich mehrere Metzger und landwirtschaftliche Direktvermarkter in Seßlach (Metzgerei Franz) und Umgebung (Metzgerei Brehm in Dietersdorf, sowie die Hofläden Dressel und Jöchner in Gemünda und Eberhard in Gleismuthhausen) bieten ihre Spezialitäten an. Die Auswahl an Koch-, Brüh- und Rohwürsten mit Pressack, Leberwurst, Stadtwurst und Rohpolnischen freilich ist fränkisch. Aber im Detail erkennt der Kenner an typischen Würzmischungen aus Salz, Pfeffer, Muskat und Kümmel sowie an der verhältnismäßig mageren Konsistenz die klassischen Wurstrezepturen der Region.

Die Seßlacher Bratwürste nach Coburger Art unterscheiden sich deutlich von den fränkischen Nachbarn, denn sie werden nach alter Art lediglich grob gewolft und in den Bändeldarm oder Schleiß abgefüllt. Gebraten werden sie traditionell über Kiefernzapfen, den sogenannten Kühla. Weitere Spezialitäten, wie geräucherter oder gekochter Bauch, Haussülze, Würzfleisch oder Bratwurstfülle im Glas verraten die Herkunft der Produkte aus der alten Landschlächterei.

Seßlach im Coburger Land – ein kulinarisches Stadterlebnis

Mit Stolz verweist die Stadt Seßlach darauf, dass die Bürger seit der Stadterhebung 1335 das Braurecht innehaben und im örtlichen Kommunbrauhaus auch ausüben. Das bestehende Brauhaus wurde 1892 errichtet. Seit 2004 sorgt sich der Verein der Brauhausfreunde Seßlach um den Erhalt des Gebäudes und den Absatz des hier gebrauten süffigen Gerstensaftes. So wird an „Fasstagen", wenn die berechtigten Bürger zum Brauhaus fahren, um sich ihre Biermenge in geeigneten Gefäßen, wie Fässern, Glasballons oder Kanistern abzuholen, die Straße für den Verkehr gesperrt. Noch vor nicht allzu langer Zeit wurde das Bier für den Gasthof Reinwand noch in Butten quer über den Maximiliansplatz getragen. Heute wird es sowohl zum Reinwand wie auch zum Roten Ochsen durch eine Rohrleitung geleitet, wo es im Gewölbekeller nachgären und reifen kann.

Genusstour Startpunkt: Seßlach

Neben den Gasthäusern Reinwand und Roter Ochse laden in Seßlach der Altstadthof, das Gasthaus Förtsch sowie der Pörtnerhof zum ausgiebigen Speisen im historischen Ambiente ein. Während sich Letzterer im Angebot eher mediterran orientiert, steht ansonsten viel Fränkisches auf der Speisekarte. Hierzu gehören kalte Brotzeitangebote ebenso wie die Klassiker der fränkischen Bratenküche, Geflügel, Wild und Fisch, Suppen, Salate und Süßspeisen. Im Roten Ochsen legt man besonderen Wert auf eine saisonale und regionale Auswahl des Speiseangebotes und dokumentiert diese in einer jedes Jahr von Künstlerhand neu illustrierten Speisekarte.

Stadt Seßlach: Häuser am Markt

Im Marktcafé und im Café „Pflasterzollhaus" finden süße Genießer eine Auswahl an hausgemachten Torten, Kuchen und Eisspezialitäten. Mit hauseigener Brauerei, hervorragenden Brotzeiten und opulenten Bratengerichten ist auch der Gasthof Scharpf (Weißes Roß) in Heilgersdorf eine echte Institution. Und nicht zuletzt empfehlen sich in Gemünda der Ochsenwirt mit seiner gut bürgerlich-fränkischen Küche und das Hofcafé Mohnbiene mit wunderbaren hausgemachten Kuchen, Torten und Brotzeiten sowie traumhaft schönen Bildern zu den in der Region heimischen Wildbienen.

Wanderkarte & mehr Infos:

Therme Bad Rodach (Foto: http://www.coburg-tourist.de)

...nefeld leuchtet (Oberfranken offensiv)

Braugasthof Grosch GmbH & Co. KG

Der Grosch in Rödental

Die fränkische Familienbrauerei schlechthin? Der Brauereigasthof Grosch füllt diese Rolle im oberfränkischen Rödental seit über 575 Jahren mit kulinarischen Leckereien und mehreren fantastischen Bieren voller Stolz aus! An der alten Handelsstraße zwischen Nürnberg und Leipzig gelegen, spürt man förmlich die einzigartige Geschichte des Hauses – am besten bei einem klassischen, fränkischen Sauerbraten mit hausgemachten Klößen aus rohen Kartoffeln, im Coburger Land liebevoll „Rutscher“ genannt. Besonders stolz sind die Brauer im Grosch auf den alkoholfreien Fuhrmannstrunk, welcher kürzlich (2019) zum besten alkoholfreien Bier prämiert wurde und den European Beer Star erhielt.

Kontakt
Oeslauer Straße 115
96472 Rödental
Tel.: 09563-7500
Fax: 09563-750147
Mail: info@der-grosch.de
www.der-grosch.de

Öffnungszeiten
Täglich 11.00 bis 22.00 Uhr
(durchgehend warme Küche
von 11.30 bis 21.00 Uhr)
Kein Ruhetag

www.metzgerei-brehm.de

Fleischerei Helmut Brehm

Probieren und Genießen!

Die Fleischerei Brehm legt größten Wert auf Produkte der Region, deshalb kommt das Fleisch vom Landwirt nebenan aus artgerechter Tierhaltung. Hier bekommen Sie frische, hausgemachte Wurst aus Meisterhand und regionale Spezialitäten direkt aus dem Familienbetrieb. Für Feiern erhält man vor Ort Sau am Spieß, heiße Platte mit verschiedenen Fleischvarianten, herzhafte Braten mit Soße, auf Wunsch auch Salate und vieles mehr. Ein besonderes Schmankerl ist auch das „Dry-Aged-Rindersteak". Jeden Freitag ab 9 Uhr gibt es wechselnde Spezialitäten aus der heißen Theke. Einzigartig und mehrfach ausgezeichnet sind die Bratwürste der Fleischerei. Diese sind an jedem 2. Freitag im Monat in Dietendorf zu genießen. Selbstverständlich sind hier auch Geschenk- und Präsentkörbe für jeden Anlass erhältlich. Vergessen Sie nicht die leckere Hausmacherwurst in Dosen. Nicht umsonst gehört die Fleischerei Brehm zu den besten Metzgerbetrieben Deutschlands.

Kontakt

Dietersdorfer Straße 8, 96145 Seßlach
Tel.: 09567-1222
Fax: 09567-980922
Mail: info@metzgerei-brehm.de

www.metzgerei-brehm.de

Öffnungszeiten

Mo, Di und Do	6.30 – 13.00 Uhr
	14.30 – 18.00 Uhr
Mi	6.30 – 13.00 Uhr
Fr	6.30 – 18.00 Uhr
Sa	6.30 – 13.00 Uhr

Coburger Rutscher

Der Name ist Programm

Der Coburger Rutscher ist die in Coburg typische Variante des rohen oder grünen Kartoffelkloßes, der hier eine sehr weiche Konsistenz hat, so dass er auf dem Teller fast zerfließt. In der Rezeptur ähnelt er den Thüringer Klößen, wird aber mit einem etwas höheren Anteil an gekochten Kartoffeln zubereitet. Nach Überlieferung eines Coburger Reiseführers von 1956 soll ein gebratenes „Göckerla mit Rohaklöß" (Hähnchen mit rohen Klößen) das traditionelle Leibgericht der Coburger Bevölkerung gewesen sein. Selbstverständlich passt der Kloß aber auch zu allen anderen Bratengerichten. Vor allem Kinder essen ihn gerne einfach nur mit Soße.

Darüber hinaus kommt dem Coburger Rutscher wohl das Privileg zu, gewissermaßen die Urform des von Thüringen nach Franken eingewanderten Kloßes darzustellen. Allerdings ist er in der Region noch nicht allzu lange heimisch. Jedenfalls gehört es sicherlich in das Reich der Legende, dass bereits die Eva an der Coburger Stadtpfarrkirche nicht den ikonografisch typischen Apfel, sondern einen Kloß in der Hand hält.

Kurzinfo

1854 wird dieses Rezept leicht abgewandelt auch im ersten Coburger Kochbuch des Christian Oehm, dem Küchenmeister des Erbprinzen von Sachsen-Coburg erwähnt. Dieser verwendete zum Abbrühen der ausgepressten Kartoffelmasse einen in Milch gekochten Grießbrei und füllte die Masse mit gerösteten Semmelbröckchen. Damit sind eigentlich alle Komponenten benannt, die den ursprünglich thüringischen Kloß zum Coburger Rutscher machen.

TIPP: Am besten schmeckten diese Klöße, wenn man sie sofort aufreißt und mit heißer Butter übergießt!

Rezept | Coburger Rutscher

Brötchen würfeln und in Fett rösten. Die Kartoffeln schälen. Eine Hälfte kochen und die andere Hälfte roh reiben und kräftig auspressen. Den Kartoffelsaft und die sich absetzende Stärke eventuell zur Suppe verwenden, einen Teil an die Kloßmasse geben. Die gekochten Kartoffeln mit dem Kochwasser zu einem nicht zu zähen und nicht zu flüssigen Brei verarbeiten, nochmals aufkochen lassen und den heißen Brei an die ausgepresste rohe Kartoffelmasse gießen. Alles mit einem Quirl kräftig durchschlagen, bis die Masse abbindet und keine Klümpchen mehr vorhanden sind.

Wasser in einem großen Topf erhitzen. Die Hände in kaltem Wasser anfeuchten und rasch handgroße Klöße formen. In die Mitte jeweils eine Portion Semmelbröckchen einarbeiten. Die Klöße vorsichtig in das heiße Wasser gleiten lassen und die Temperatur sofort zurücknehmen, so dass die Klöße nicht kochen. Die Klöße schwimmen nach circa 5 Minuten oben und sollen dann noch etwa 10 Minuten im heißen Wasser ziehen.

Ihre ideale Konsistenz haben die Coburger Rutscher, wenn sie auf dem Teller breit zerlaufen.

Zutaten

Heute gebräuchliches Rezept: ca. 2 kg Kartoffeln, etwas Salz, 2 altbackene Brötchen, Fett

Nach dem älteren Coburger Rezept bereitet man zu den roh geriebenen Kartoffeln mit Milch einen flüssigen Grießbrei zu.

Weitere Anbieter im Landkreis Coburg

Beiersdorfer Landbrot Roland Herppich Mühlenbäckerei

Rodacher Straße 270
96450 Coburg-Beiersdorf
Tel.: 09561-85570
Fax: 09561-855733
Mail: beiersdorfer.landbrot@arcor.de

Edelobstbrennerei Schulz

Rossacher Straße 38
96269 Großheirath-Neuses a.d. Eichen
Tel.: 09569-466
Fax: 09569-188030
Mail: info@obstbrennerei-schulz.de

Milchwerke Oberfranken West e.G.

Sulzdorfer Straße 7
96484 Meeder-Wiesenfeld
Tel.: 09566-9290
Fax: 09566-929200
Mail: info@milchwerke-oberfranken.com
www.milchwerke-oberfranken.com

Weitere Anbieter im Landkreis Coburg

Theodor Luther GmbH

Am Moos 20
96465 Neustadt bei Coburg
Tel.: 09568-85011
Fax: 09568-85014
Mail: info@luther-fleischwaren.de

www.luther-fleischwaren.de

Landgasthof Roter Ochse

Flenderstraße 95
96145 Seßlach
Tel.: 09569-1220
Fax: 09569-1510
Mail: info@roter-ochse-sesslach.de

www.roter-ochse-sesslach.de

Metzgerei Grah e.K.

Kappel 1
96279 Weidhausen bei Coburg
Tel.: 09562-982898, Fax: -982888
Mail: metzgerei-grah@t-online.de

www.braunes-ross.de/metzger/homepag2.htm

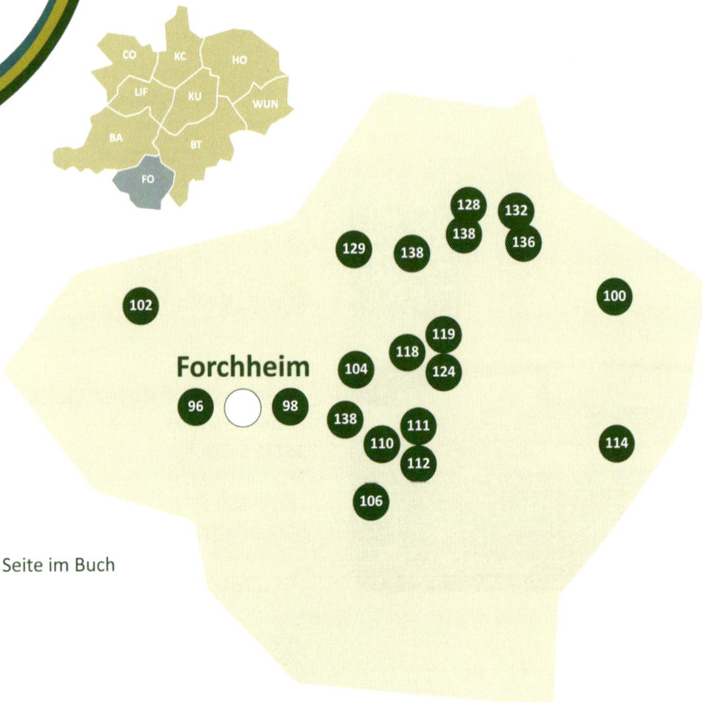

Nummer = Seite im Buch

Bei Kellerwald und Walberla

In mittelalterlichen Zeiten suchten die Bamberger immer wieder Schutz in ihrer etwas südlich gelegenen Festung, weswegen es seit eh und je eine innige Beziehung dieser beiden Genussorte gibt. In der Stadt Forchheim hat sich vor allem die historische Bierkultur erhalten, mit vier traditionellen Brauereien und dem historischen Kellerwald, der eine weltweit einzigartige Dichte an bewirteten Bierkellern aufweist. Erkunden können Sie diese Kleinodien mit dem „Walk of Beer", der seit kurzem Gäste und Bierkultur verbindet. Östlich der Stadt entfaltet sich die Fränkische Schweiz mit dem Nationalhügel und Genussort „Walberla", der Kirschen- und Brennereimetropole Pretzfeld, ebenfalls bayerischer Genussort, und dem genauso ausgezeichneten Gößweinstein mit Burg, Basilika und echten Wallfahrerspezialitäten.

Anbieterportraits Forchheim Stadt & Land

Spezialitäten, Rezepte und Genusstour

Der Kuckuck – Edelbrennerei Otto Ammon

Die alte Bauernbrennerei

Schon seit fünf Generationen schwitzt bei den Ammons die Brennblase. Allerdings sind seit den ersten Tagen im ehemaligen Gasthaus „Fränkische Schweiz" viele Lenze ins Land gegangen, und aus der kleinen landwirtschaftlichen Brennerei ist eine echte Edelbrennerei mit hervorragenden Erzeugnissen geworden.

Heute zeichnet Dr. Volker Gronauer für die Brennerei verantwortlich und hat sich damit als Zahnarzt auch mal dafür entschieden, die Menschen, die ihn besuchen, glücklich zu machen. Besonders beliebt sind die vielfach prämierten Beerenbrände und Nussgeiste im Forchheimer „Schnapsladen". Verkostungen werden für bis zu 20 Personen angeboten.

Kontakt
Weidenweg 4a
91301 Forchheim
Tel.: 09191-3204073
Mail: dr.gronauer@freenet.de

www.brennerei-ammon.de

Öffnungszeiten
Täglich 10.00 – 19.00 Uhr,
auch an Sonn- und Feiertagen

Kaffee-Rösterei Bogatz

Die Forchheimer Kaffee-Oase

Im bayrischen Genussort Forchheim riecht man in der Innenstadt nicht nur den Duft der oberfränkischen Brauereien, auch der Duft von frisch geröstetem Kaffee zieht regelmäßig durch die Innenstadt. In der Kaffee-Rösterei Bogatz wird wie früher handwerklich geröstet. Ein Geheimnis exquisiter Kaffeespezialitäten ist die Langzeitröstung. Dazu röstet Dieter Bogatz die Kaffeebohnen aus aller Welt bei niedrigen Temperaturen im Trommelröster. Mit Geduld, Erfahrung und viel Zeit werden die edlen Aromen in den Kaffeebohnen entwickelt. Bestellen Sie sich eine Kaffeespezialität zum Vorortgenuss, wird der Kaffee frisch gemahlen und mit einer stilechten Siebträgermaschine vor Ihren Augen von den Baristi zubereitet. Dazu können Sie sich ein Frühstück sowie diverse süße Leckereien wie hausgemachtes Gebäck, Pralinen und im Sommer Eis aus eigener Herstellung bestellen. Natürlich gibt es eine riesige Auswahl an Kaffeebohnen auch für zuhause, ob als ganze Bohnen oder frisch für Sie gemahlen.

Kontakt

Holzstraße 10, 91301 Forchheim
Tel.: 09191-6155030
Fax: 09191-6155031
Mail: info@kaffeeroesterei-bogatz.de

www.kaffeeroesterei-bogatz.de

Öffnungszeiten

Mo bis Fr	8.30 – 18.00 Uhr
Sa	8.30 – 17.00 Uhr

In der kalten Jahreszeit auch
So 13.00 – 17.00 Uhr
An ges. Feiertagen geschlossen

Brauhaus

Holzofenbrot Fischer

Aus alten Stallungen zur Genussbäckerei

Der Umbau dauerte einige Jahre, bis Norbert Fischer mit seiner Familie die ehemaligen Stallanlagen auf seinem Hof in eine wahre Genussbäckerei verwandelt hatte. Sogar der Backofen wurde dabei selbst gemauert. Mit dem Betrieb kehrt der gelernte Bäcker nach vielen Jahren zu seinen Wurzeln zurück. Da er im Hauptberuf als Lebensmitteltechniker tätig ist, gibt es die feinen Brote immer samstags im zweiwöchigen Turnus. Mit den Jahren kamen zu den verschiedenen Brotsorten auch noch saisonale Leckereien dazu, wie Osterbrot, Spargelkuchen, Elisen-Lebkuchen und vieles mehr.

Bestellungen nimmt das Familienteam bis Freitagvormittag per Telefon oder Email an. Wenn Sie Glück haben, treffen Sie das Team um Norbert Fischer auch mal auf einem der Märkte in der Umgebung an, wo sie gerne ihr traditionelles Handwerk demonstrieren.

Kontakt
Hühnerloh 9
91327 Gößweinstein
Tel.: 09242-740506
Mail: fischer-huehnerloh@
t-online.de

Öffnungszeiten
Backtag alle 14 Tage
9.00 – 14.00 Uhr

Landgasthof – Hotel – Brauerei Rittmayer

Karpfen und Rifferla satt

Hier im Landgasthof Rittmayer steht von A bis Z einfach nur Genuss auf dem Programm. Neben den Karpfenspezialitäten in den Monaten mit "r" sind das vor allem die Rindfleischgerichte aus der eigenen Zucht, Wild aus der Region, sowie klassische fränkische Rifferla. Dafür betreiben die Rittmayers sogar einen eigenen Naturlandhof mit entsprechender Zertifizierung. Gegen den Durst gibt es noch ein eigenes, sehr süffiges Bier, das schon so manchen Gast dazu gebracht hat, die hauseigenen Übernachtungsmöglichkeiten wahrzunehmen. Liebevoll gestaltete Zimmer sind über den gesamten Hof verteilt und laden zum Relaxen und Entspannen ein. Besonders die erst kürzlich ausgebaute Scheune besticht durch viele helle Holzelemente und edle Inneneinrichtung.

TIPP: Die gleich nebenan gehaltenen Naturland-Rinder auf der Weide besuchen!

Am Morgen großes Frühstück

Der Morgen beginnt mit einem großen Frühstücksbüffet, das keine Wünsche offen lässt. Für den Verdauungsspaziergang empfehlen wir den wunderschönen Aischgrund mit seinen vielen Karpfenweihern, an denen man rund um den Ort entlangwandern kann. Für die Brotzeit können wir auf jeden Fall noch die fränkischen Bratwürste und den Schnaps empfehlen. Lassen Sie es sich doch einfach mal gut gehen!

Kontakt
Willersdorf 108, 91352 Hallerndorf
Tel.: 09195-94730
Fax: 09195-9473150
Mail: info@rittmayer.com

www.rittmayer.com

Öffnungszeiten

Mo und Di	17.00 – 24.00 Uhr
Mi bis Fr	11.00 – 24.00 Uhr
Sa	11.00 – 24.00 Uhr
So	11.00 – 23.00 Uhr

Küchenzeiten und Sommeröffnungszeiten siehe Website

Sponsel
Brennerei
Wirtshaus
Hotel
Lindenkeller

Brennerei-Gasthaus Sponsel

Edelbrand-Genuss vom Feinsten

Mitten im Herzen der Fränkischen Schweiz entstand 1682 das Gasthaus Sponsel, in dem seitdem sieben Generationen ununterbrochen für ihre Gäste da waren bzw. sind. Nachdem vor einigen Jahren die nächste Sponsel-Generation das Ruder übernommen hat, machte sie auch gleich daran, das Haus – wie ihre Vorfahren – umfassend weiterzuentwickeln. Wunderschön gestaltete Gasträume und Zimmer, ein liebevoll dekorierter Innenhof und eine nagelneue Brennerei warten auf die Gäste. Gerade bei den Edelbränden hat das Gasthaus einen großen Satz nach vorne gemacht und bietet nun echte Spitzenqualität, vom Gin bis zum Obstbrand. Verkosten können Sie die Brände auch auf dem zugehörigen Lindenkeller, einem der wenigen Bierkeller mit Ausblick auf das Wiesenttal.

Kontakt
Hauptstraße 45
91356 Kirchehrenbach
Tel.: 09191-94448
Fax: 09191-616768
Mail: info@gasthaus-sponsel.de
www.gasthaus-sponsel.de

Öffnungszeiten
Täglich 11.30 – 21.00 Uhr
(durchgehend warme Küche)
Kein Ruhetag

Terrassencafé & Brennerei – Hofladen „Geist-Reich"

© Corinna Brauer

Viel Philosophie beim Geist

Mitten im kleinen Ort Weingarts, an den Ausläufern des Hetzleser Berges, liegt der Hof von Familie Engelhardt. Auf ca. zwei Hektar Obstwiesen bauen Michaela Engelhardt und ihr Mann Hans verschiedene Kirschen, Birnen, Äpfel, Quitten, Mirabellen, Walnüsse, Maronen und Zwetschgen im konventionellen Obstbau an. Besondere Spezialitäten des Betriebes sind die selbst hergestellten Marmeladen, Brände und Liköre. Diese werden über den eigenen Hofladen vermarktet. Zum Hof gehört auch eine kleine Schafherde, und jedes Jahr im Frühjahr gibt es Nachwuchs. Michaela Engelhardt ist nicht nur Gärtnerin und Brennerin, sondern auch eine ausgezeichnete Bäckerin. Bei ihr können Sie beispielsweise lernen, wie die traditionellen „Urrädla" gebacken werden oder wie man einen Rhabarberstrudel herstellt.

© Corinna Brauer

TIPP: Eine Brennereibesichtigung mit Probe nach Vereinbarung oder der „Tag der offenen Brennereien“ am 3. Oktobersonntag!

Projekt Ernteerlebnis

Als freiwilliger Helfer sind Sie im eigenen Zimmer untergebracht und nehmen alle Mahlzeiten (morgens, mittags, abends) gemeinsam mit der Familie ein. Familie Engelhardt freut sich das ganze Jahr über Unterstützung, zum Beispiel beim Obstbaumschnitt, bei der Likör-Herstellung oder beim Abfüllen der fertigen Spezialitäten. Dies läuft über das Projekt ***www.ernteerlebnis.de*** *(Teiltext von Corinna Brauer)*

Das Terrassencafé ist geöffnet ab Karfreitag, oder wenn es möglich ist, draußen zu sitzen, bis zum „Tag der offenen Brennereien“ am dritten Sonntag im Oktober.

Kontakt

Weingarts 20, 91358 Kunreuth
Tel.: 09199-697071
Fax: 09199-697403
Mail: info@brennerei-geistreich.de

www.geist-reich.biz

Öffnungszeiten

Laden:
Di bis Sa 14.00 – 20.00 Uhr
Terrassencafé:
Di bis So 14.00 – 20.00 Uhr
Mo Ruhetag, außer an Feiertagen

Urrädla

Für besondere Anlässe

Urrädla oder einfache Braada (breite) Küchla sind ein feines Festtagsgebäck, das speziell in der Fränkischen Schweiz und im Landkreis Forchheim gebacken wird. Tradition hat es, wie viele verwandte Produkte dieser Art, besonders zu Konfirmation oder Kommunion, zu Hochzeiten, Taufen oder auch zur Kirchweih. Geheimnisvoll bleibt der Name dieses knusprigen Schmalzgebäcks: In seiner runden, gekräuselten Form ähnelt es dem Räderwerk einer Uhr (Uhrrädla). Man findet jedoch fast nur die Schreibweise ohne „h", so dass diese bildliche Anspielung offen bleibt.

Urrädla oder breite Küchla sind ein rundes, gekräuseltes Schmalzgebäck aus Eigelb, Sauerrahm und Mehl, das in Butterschmalz ausgebacken wird. Gebacken wird das feine Gebäck heute noch in vielen Orten der Fränkischen Schweiz und des Landkreises Forchheim von erfahrenen Bäckerinnen nur für ganz besondere Anlässe. Urrädla kommen traditionell in den sogenannten „Schmaus", der zu besonderen Familienfesten an die Nachbarn und Verwandten verteilt wird.

Kurzinfo

Urrädla lassen sich wegen ihres Fettgehalts sehr gut aufbewahren. Man legt sie am besten in eine verschlossene Dose und deckt sie lagenweise mit Pergamentpapier ab. Erst vor dem Verzehr überzuckern! Auch heute noch werden die Rezepturen für die knusprigen Urrädla in den eingesessenen Familien weitervererbt.

TIPP: Urrädla schmecken besonders gut zu einer Tasse Kaffee. Man bestäubt sie kurz vor dem Verzehr mit Puderzucker!

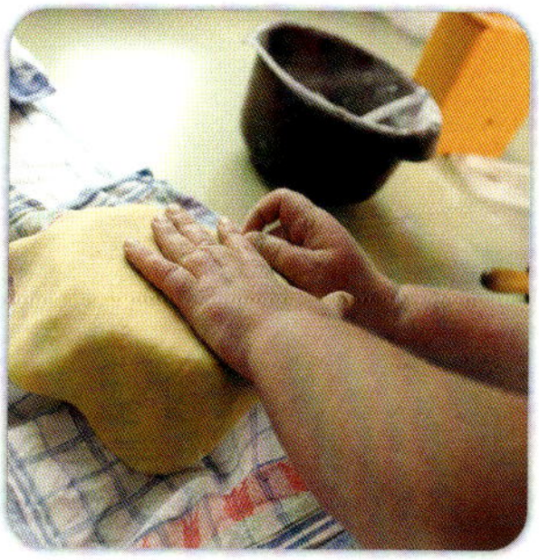

Rezept | Urrädla

Die Butter schaumig schlagen, nach und nach die Eigelbe unterrühren und schlagen, den Sauerrahm dazu geben. Dann das Mehl unterrühren, bis ein fester Nudelteig entsteht. Man lässt den Teig an einem warmen Ort ruhen. Dann teilt man den Teig in zehn Portionen, formt jeweils Kugeln und rollt diese mit einem Nudelholz auf einer gut bemehlten Fläche sehr fein aus. Gegebenenfalls kann man die Teigfladen auch mit der Hand ausziehen. Man legt sie über eine umgedrehte Schüssel (ohne abgesetzten Boden), auf die ein bemehltes Küchentuch gelegt wurde. Darüber legt man wieder ein Küchentuch und fährt mit den übrigen Teigfladen so fort.

Inzwischen lässt man das Butterschmalz in einer großen Pfanne schmelzen, gibt den ersten Teigfladen hinein, lässt ihn ganz kurz anbacken und schiebt ihn von allen Seiten mit zwei Holzstielen oder Löffeln zusammen, bis die Oberfläche schön zusammengekraust ist. Wenn das Urrädla von der Unterseite goldgelb ist, dreht man es einmal um und lässt es auch von der anderen Seite goldgelb ausbacken. Dann nimmt man es heraus und lässt es zwischen Pergamentpapier abtropfen. Man bestreut es erst vor dem Verzehr mit Puderzucker.

Das Backen der Urrädla ist verhältnismäßig aufwändig. Erfahrene Bäckerinnen arbeiten daher meistens zu zweit, um die vielen Handgriffe aufeinander abzustimmen.

Zutaten

10 Eigelb, 120 g weiche Butter, 150 g saurer Rahm oder saure Sahne, 370 – 400 g Mehl, evtl. etwas Vanille (aus der Stange), Butterschmalz zum Ausbacken und Puderzucker zum Bestreuen

BIO HOF SCHMIDT SEIT 1995

Biohof Schmidt GbR

Willkommen auf dem Biohof Schmidt

1995 wurde der Obstbaubetrieb auf ökologischen Landbau umgestellt. Familie Schmidt hat sich dem Bio-Obstbau verschrieben und erzeugt Obst in fester und flüssiger Form. Da sie neben Tafelobstgärten auch mehrere Streuobstgärten pflegt, bietet sie viele Produkte, wie sortenreine Brände alter Obstsorten, fruchtige Liköre, aromareichen Apfelsaft, Cidre trocken und mild und vieles mehr an – alles Produkte, die aus den eigenen Streuobstgärten kommen. Für die edlen Brände, die mit sehr viel Sorgfalt und Aroma schonend destilliert werden, ist Brennmeister Willibald zuständig. Sohn Jochen – Obstbaumeister – hat das Gedeihen der Bäume und der Früchte, wie z. B. Kirschen, Mirabellen, Renekloden, Zwetschgen, Äpfel, Birnen, Quitten usw. unter sich. Alle Erzeugnisse sind Bioland-zertifiziert und von hoher Qualität.

Kontakt

Mittelehrenbach 41
91359 Leutenbach
Tel.: 09199-1804
Fax: 09199-8704
Mail: kontakt@biohof-schmidt.de
www.biohof-schmidt.de

Öffnungszeiten

Besuchen Sie Familie Schmidt gerne nach telefonischer Absprache auf dem Hof oder auf der Website.

Metzgerei Spindler

Einfach immer nur das Beste!

Am Fuße des Walberla, in Leutenbach, befindet sich die Metzgerei von Wurst- und Schinkensommelier Ralf Spindler. Im Betrieb werden wöchentlich über 100 verschiedene Wurst- und Schinkenspezialitäten selbst hergestellt. Besonders beliebt sind der Walberla-Kräuter-Schinken, Zwetschgenbames, Knoblauchwürste, hausgemachte Sülze und leckere Dosenwurst.

Die Metzgerei Spindler bietet auch einen Partyservice an.

Steak-Liebhaber kommen ebenfalls auf ihre Kosten: im Dry-Ager reifen T-Bone-Steak, Porterhouse-Steak oder Rinderkoteletts. Auch besondere Cuts vom Rind sind im Angebot.

Das Gourmet-Magazin „Der Feinschmecker" wählte die Metzgerei bereits zum 2. Mal unter die besten Metzger in Deutschland.

Kontakt

Dorfstraße 14, 91359 Leutenbach
Tel.: 09199-405
Fax: 09199-572
Mail: info@metzgerei-spindler.de

www.metzgerei-spindler.de

Öffnungszeiten

Di bis Fr	8:00 – 18:00 Uhr
Sa	7:30 – 13:00 Uhr

Frische Ernte
Natürlich aus der Fränkischen Schweiz

*Frische Ernte –
Bäuerliche Qualitätsprodukte*

Selbstorganisierte Direktvermarkter

Margarete Alt steht einem Zusammenschluss von 25 bäuerlichen Direktvermarktern aus dem Landkreis Forchheim vor, der sich 1996 gegründet hat, um hochwertige regionale Produkte zu garantieren. Die Satzung verpflichtet alle Mitglieder unter anderem zu eigener Landwirtschaft und hohen Qualitätsmaßstäben. Die vielen unterschiedlichen Erzeugnisse gibt es dann in den jeweiligen Hofläden, wobei auch untereinander das Sortiment ergänzt wird. Hier werden Ihnen Qualitätsprodukte aus der Fränkischen Schweiz aus bäuerlicher Landwirtschaft angeboten. Die Produkte sind umwelt- und tiergerecht erzeugt und erreichen Sie stets frisch und auf kurzem Weg direkt vom Erzeuger. Frische Ernte möchte zum Erhalt der einzigartigen Landschaft in der Fränkischen Schweiz durch eine umweltschonende Landbewirtschaftung beitragen.

Frische Ernte bekommen Sie genau hier!

TIPP: Auf der Website finden Sie unter anderem tolle Rezepte, von Vorspeisen über Hauptgerichte bis hin zum Dessert!

Direkt Einkaufen auf dem Bauernhof

Ein Einkauf beim Direkterzeuger hat viele Vorteile:

- Kurze Wege
- Frische
- Umwelt- und tierschutzgerechte Erzeugung
- Nachvollziehbarkeit
- Überschaubarkeit
- Hohe Qualität des Produktionsprozesses

Kontakt

Seidmar 3, 91359 Leutenbach
Tel.: 09197-773
Mail: vorstand@frische-ernte.com

www.frische-ernte.com

Öffnungszeiten

Die aktuellen Hofladen-Touren und Termine für die Bauernmärkte in Ebermannstadt, Forchheim und Neunkirchen am Brand finden Sie auf der Website, ebenso die Adressdaten der Mitglieder.

Gasthof Drei Linden

© by Jonas Listl

Fränkischer Gasthof mit Ferienappartements

Bei Sabine und Heinrich Schmitt bekommt man Urlaub in herrlicher Natur, verbunden mit leckerer und saisonaler fränkischer Küche. Selbstverständlich werden neben dem fränkischen Schäuferla und anderen Fleischgerichten auch vegetarische und vegane Speisen angeboten. Immer ein Genuss sind die von Heinrich Schmitt selbstgemachten Nudeln, z. B. Kräuternudeln (mit Kräutern aus dem eigenen Garten) oder Pilznudeln (mit selbst gesuchten und getrockneten Pilzen). Viele der Gerichte sind außerdem glutenfrei! In den neuen Ferienappartements kann man den Urlaub entspannt beginnen und direkt in einen erlebnisreichen Urlaubstag starten. Die Appartements mit Wohn-Esszimmer (mit Schlafsofa), vollständig ausgestatteter Küche, Schlafzimmer und Dusche/WC sind für zwei Personen mit Zustellbett ausgelegt. Zwei Appartements verfügen jeweils über ein zusätzlich zubuchbares Schlafzimmer mit Verbindungstür. Parkplätze und eine Radlgarage sind selbstverständlich am Haus vorhanden.

Kontakt

Dorfstraße 38
91286 Obertrubach-Bärnfels
Tel.: 09245-9188
Fax: 09245-409
Mail: info@drei-linden.com
www.drei-linden.com

Öffnungszeiten

Mo bis Do	ab 17.00 Uhr
Fr und Sa	11.30 – 14.00 Uhr
und	17.30 – 20.00 Uhr
So	11.30 – 15.00 Uhr

Nov bis März: Mi Ruhetag

Rehbraten auf oberfränkische Art

Für besondere Anlässe

Ein zartes Stück Rehbraten aus der Keule oder vom Rücken, mit Kloß und Blaukraut serviert, gehört in Oberfranken zu den Festtagsgerichten für besondere Anlässe. Viele Gaststätten in Stadt und Land beziehen in der Saison frisches Wildbret aus heimischen Revieren und verwöhnen ihre Gäste mit einem vielfältigen Angebot. Für die Zubereitung am heimischen Herd bieten spezialisierte Metzger sowie Jäger und Direktvermarkter küchenfertige Bratenstücke in unterschiedlicher Größe an. Neben dem klassischen Schmorbraten lassen sich auch Filets vom Reh kurzgebraten zubereiten. Aus weniger edlen Teilen zaubern erfahrene Köche und Köchinnen wunderbare Pasteten und Terrinen, die als Vorspeisen zu Salat jedes Menü aufwerten.

Das Reh ist die in Deutschland häufigste Haarwildart. Ausgewachsene Ricken oder Böcke erreichen ein Gewicht zwischen 15 und 25 Kilo. Ursprüngliche Waldreviere, Waldrandzonen sowie offenes Busch-, Acker- und Grasland bieten dem Rehwild einen natürlichen Lebensraum. Um die Bestandsdichte bei Rehwild zu kontrollieren, wird

Kurzinfo

Die jahrhundertelange Privilegierung der Jagd als adeliges Vorrecht trug dazu bei, dass Wildbret nur zu besonderen Anlässen in der bäuerlichen oder bürgerlichen Küche Verwendung fand. Ein sorgfältig zubereiteter Rehbraten mit feinen Zutaten und Beilagen gilt daher auch heute noch als das Festessen schlechthin.

TIPP: Als dunkles Fleisch wird Rehbraten klassisch mit Rotwein serviert, der häufig zugleich Grundlage für die Soße ist!

es unter Beachtung vorgeschriebener Schonzeiten, die sich nach dem natürlichen Lebensrhythmus der Tiere richten, von Mai bis Januar bejagt.

Wildfleisch aus freier Wildbahn ist ein ausgesprochen gesundes Lebensmittel, das in Bayern ständig auf Cäsium-Werte überprüft wird. Es ist fettarm, reich an Eiweiß, Vitaminen und wichtigen Mineralstoffen. Überdies liefert es in reichen Mengen die lebenswichtigen Omega-3-Fettsäuren, die der menschliche Körper nicht selbst herstellen kann. Wildbret vom Reh wird wegen seines aromatischen und feinfaserigen Fleisches besonders geschätzt.

Die Jagd auf wild lebende Tiere geht auch in Oberfranken bis in die Anfänge der menschlichen Entwicklung zurück. Dies belegen zahlreiche archäologische Funde aus der Alt- und Mittelsteinzeit, zum Beispiel aus dem Großen Hasenloch bei Pottenstein.

Rezept | Geschmorte Rehschulter mit Klößen

Am Besten gelingt der Rehbraten, wenn man ihm ordentlich Zeit lässt!

Rehfleisch ist von Natur aus sehr mager, es kann daher beim Schmoren zu trocken werden. Deshalb empfiehlt es sich, den Braten mit Speck abzudecken (bardieren). Außerdem sollte man keine zu hohe Schmortemperatur wählen. Nach einigen Rezepturen lässt man den Braten in einer Beize aus Wasser 1/8 l Essig, 1/4 l Rotwein, Gewürzen und Wurzelgemüse mehrere Tage ziehen und verfährt dann wie unten stehend.

Man reibt das Bratenstück zunächst von allen Seiten mit den zerstoßenen und gemahlenen Gewürzen ein, brät es rundum in heißem Fett an und deckt es mit Speck ab. Das klein geschnittene Gemüse (evtl. mit einem Löffel Zucker) dazu geben, anbraten lassen und mit Rotwein ablöschen. Die Brühe aufgießen und alles bei etwa 190°C im Ofen weich schmoren lassen (ca. 2 Stunden). Dabei regelmäßig mit Bratensud übergießen. Wenn der Braten fertig ist, herausnehmen und in Portionsstücke aufschneiden. Den Sud passieren und mit einer braunen Mehlschwitze etwas andicken. Mit saurer Sahne schön sämig verrühren.

Zutaten

1 1/2 – 2 kg Rehschulter, küchenfertig ausgelöst, ca. 10 Scheiben fetter Speck, 3/4 l Wildfonds oder Fleischbrühe, etwa 1/4 l Rotwein, Suppengemüse wie Zwiebel, Möhre, Sellerieschеibe, Lauch; 5 – 6 Wacholderbeeren, 1/2 Teel. schwarze Pfeffferkörner, 1/2 Teel. Koriander, Salz, evtl. Zucker, 1 kl. Becher saure Sahne.

Edelbrennerei Haas GmbH Co. KG

Gescheit oder gar nicht

Edelbrenner Johannes Haas folgt seiner Maxime strikt und vermittelt das auch seinen Kunden. Denn hier wird nicht nur mit höchster Sorgfalt gebrannt, sondern auch streng darauf geachtet, nur die besten regionalen Rohstoffe für die Edelbrände zu verwenden und möglichst schonend zu verarbeiten. Auf jeder Flasche steht die Flurnummer des Obstgartens, so dass man theoretisch – und auch praktisch – einfach mal die Bäume besuchen kann, die das Obst für den Brand lieferten. Sein Vater sagte noch „Du spinnst!", als Haas ihm seine Vision von der hauptberuflichen Brennerei schilderte. Heute zollt ihm nicht nur der alte Herr Respekt, sondern auch Kollegen und Liebhaber edler Brände. Johannes Haas hat die Spitzenplatzierungen bei Prämierungen quasi abonniert und bietet eine breite Palette von über 130 Edelbränden, Geisten und Likören und auch eigenen Whisky, Gin und Rum an. Wieder ein echter Pflichtbesuch für den Freund des guten Brandes!

Kontakt

Schmiedsgasse 2, 91362 Pretzfeld
Tel.: 09194-1256
Fax: 09194-794144
Mail: info@destillerie-haas.de

www.destillerie-haas.de

Öffnungszeiten

Mo, Di, Do, Fr	9.00 – 12.30 Uhr
und	14.00 – 18.00 Uhr
Sa	9.00 – 14.00 Uhr

Mi Ruhetag
Weitere Termine nur nach telefonischer Absprache

Nikl-Bräu

Feines Bier aus dem Stall

Mike Schmitt stand 2007 vor einer schweren Entscheidung: Entweder als Braumeister zu einer Brauerei in Baden-Württemberg gehen oder mit seiner Frau Alexandra aus dem schwiegerelterlichen Bauernhof eine Brauerei machen. Natürlich hing das Herz an der Heimat, und 2008 eröffnete am 11. Oktober die neue Brauerei mit dem schönen Namen „Nikl-Bräu". Die Gasträume befinden sich im ehemaligen Kuhstall, die Brauerei im ehemaligen Schweinestall, doch dank des Umbaus merkt man davon gar nichts. Ein besonders schönes Flair hat der Gasthof im Sommer, wenn im Innenhof die beliebten Feste stattfinden. Ein bisschen so, als würde Pretzfeld eine Mini-Kerwa feiern. Quasi schon ein Team-Mitglied ist Nachbar und Edelbrenner Johannes Haas, der Mike gerne mit Rat und Tat zur Seite steht. Auf diese Weise entstanden auch die neuesten Kreationen des Hauses – eine Gourmetbier-Linie mit zwei verschiedenen im Holzfass ausgebauten Sorten Bier. Wohl bekomm's!

Kontakt
Egloffsteiner Straße 19
91362 Pretzfeld
Tel.: 09194-725025
Fax: 09194-725026
Mail: info@brauerei-nikl.de
www.brauerei-nikl.de

Öffnungszeiten
Mo bis Do nach Vereinbarung
Fr bis So 10.00 – 21.00 Uhr:
Bierausschank und Bierverkauf,
10.00 – 20.00 Uhr warme Küche

Rund ums Walberla – Eine Genusstour im Landkreis Forchheim

In der Region rund ums Walberla kann man unbeschwerte Freizeit- und Urlaubstage verleben. Das sagenumwobene Hochplateau der Ehrenbürg ist Teil des Naturparks „Fränkische Schweiz / Veldensteiner Forst“, der mit einer Fläche von über 2.300 Quadratkilometern den gesamten Naturraum „Nördlicher Frankenjura“ vom Obermaintal bei Lichtenfels im Norden bis zum Pegnitztal bei Hersbruck im Süden umfasst.

Zu Füßen des Berges liegt Europas größtes zusammenhängendes Kirschenanbaugebiet, das die Landschaft zur Zeit der Obstblüte in ein atemberaubend schönes Idyll verwandelt. In den Dörfern rund um die Ehrenbürg, wie Kirchehrenbach, Leutenbach, Schlaifhausen, Dietzhof, Ortspitz, Mittelehrenbach, Weingarts, Kunreuth, Dobenreuth und Gosberg, sind zahlreiche Fachwerkhäuser, Kirchen und Schlösser erhalten. Ein intensiv gepflegtes Gemeindeleben mit zahlreichen Brauchtumsfesten und anderen kulturellen Veranstaltungen lockt Jung und Alt.
Dazu lädt eine gepflegte Gastronomie zu vielen kulinarischen Genüssen, herz-

Wanderparkplatz Walberla, Wiesenthau

haften Bieren oder so mancher hochprozentiger Köstlichkeit ein. Die Obstbauern rund ums Walberla bieten in der Saison auch Früchte frisch vom Baum zum Verkauf an. Insbesondere die saftig-knackigen Herzkirschen, aber auch Äpfel, Birnen und Zwetschgen locken zahlreiche Besucher an. Der größte Teil aber wird weiterverarbeitet und zu geistreichen Destillaten veredelt. Die Brenner und Brennerinnen rund ums Walberla betonen gerne, dass sie ein hochwertiges Genussmittel erzeugen, für das die Bezeichnung „Schnaps“ fast abwertend klingt. Schließlich ist die Kunst der Destillation zur Erzeugung edler Destillate und köstlicher Liköre eine alte Kulturtechnik, zu der nur ausgewählte, reife Früchte von bester Qualität in viel Handarbeit verarbeitet werden.

Wer den Unterschied zu Schnäpsen aus dem Supermarkt erschmecken und mehr über die Geheimnisse der Destillation erfahren möchte, sollte einmal einige der zahlreichen Brennereien rund ums Walberla besuchen. Unter der Bezeichnung „Genießerwege“ haben Brauer und Brenner des Tourismusvereins „Rund ums Walberla-Ehrenbürg e. V.“ drei Wanderwege rund um die Ehrenbürg ausgearbeitet, die durch die herrliche Landschaft zu ausgewählten Genießerstationen führen. Ergänzt werden diese durch zwei „Kunst&Genuss-Wege“.
Ausgeschildert und gepflegt werden die Touren vom Fränkische-Schweiz- Verein und seinen beteiligten Ortsgruppen. Zwischen September und Dezember laden die Wirte rund ums Walberla zusätzlich dazu ein, Kunstgenuss und kulinarische

Rund ums Walberla – Eine Genusstour im Landkreis Forchheim

Genüsse zu verbinden. Bei zahlreichen Vernissagen und Ausstellungen in Gasthöfen, Cafés und in einer Bank, umrahmt von „echter" Volksmusik, stellen sich namhafte Künstler aus der Region vor. Die faszinierende Idee findet bereits seit vielen Jahren statt und begeistert ein zahlreiches Publikum. Denn was gibt es Schöneres, als durch die herrliche Landschaft am Walberla zu wandern, so manchen Gaumenschmaus zu genießen und sich von den ausgestellten Exponaten inspirieren zu lassen.

Startpunkt: Wanderparkplatz Walberla, Wiesenthau

Die Genießerwege sowie die Kunst&Genuss-Wege kann man sich mit ausführlichen Beschreibungen und Kartendarstellungen unter

www.schnaps-brennerei.com/uploads/File/Geniesserwege.pdf

herunterladen.

Zu den Aktionen Kunst&Genuss gibt es jährlich einen Flyer, der unter

www.kunstgenuss.walberla.de/ programmuebersicht.html

verfügbar ist.

Wanderkarte & mehr Infos:

Obstgroßmarkt Fränkische Schweiz eG

Obstgroßmarkt Fränkische Schweiz e.G.

Aus dem fränkischen Obstgarten

Die Pretzfelder Gegend ist zwar vor allem für ihre Kirschen bekannt, doch es gedeihen hier natürlich auch zahlreiche andere Obstsorten, allen voran Äpfel und Birnen. Alles, was die vielen Streuobstwiesen hergeben, verwandeln Geschäftsführer Manuel Rauch und Vertriebsleiterin Nicole Gebhard mit ihrem Team in feinste Fruchtsäfte, natürlich ohne Farb- und Konservierungsstoffe. Dadurch dass die Früchte an den Bäumen und Sträuchern komplett ausreifen können, ergibt sich in jeder Flasche ein unverkennbar intensiver Reifegeschmack, der die Pretzfelder Säfte von den üblichen Vertretern in den Supermarktregalen deutlich abhebt – der beste Weg, das fränkische Obst in flüssiger Form zu genießen!

Die Fruchtsäfte sind in gut sortierten Getränkemärkten erhältlich!

Kontakt

Trattstraße 7, 91362 Pretzfeld
Tel.: 09194-79590
Fax: 09194-795921
Mail: verwaltung@
obstmarkt-pretzfeld.de
www.obstmarkt-pretzfeld.de

Öffnungszeiten

Hauseigener Getränkemarkt:

Mo bis Fr	8.00 – 18.00 Uhr
Sa	8.00 – 13.00 Uhr

Polsterkrapfen

Evangelische Küchlein mit Ecken

Krapfen, Küchla oder Kiegla werden in Oberfranken nicht nur in großer Zahl, sondern vor allem in vielen Varianten gebacken. Fast jede Region und zahlreiche Ortschaften haben sorgsam gepflegte, eigene Traditionen und Rezepturen. Zu den nicht nur kuriosen, sondern kulturgeschichtlich hoch interessanten Unterscheidungen gehört die Frage, ob es sich um evangelische oder katholische Krapfen oder Küchla handelt. Manchmal unterscheiden sich katholische und evangelische Krapfen einfach nur nach der Art und Weise, wie das Fenster von unten (katholisch) oder von oben (evangelisch) gezuckert wird.

In der Fränkischen Schweiz haben evangelische Küchla häufig die rechteckige Form eines kleinen Kissens. Sie bestehen aus einem dünn ausgerollten Hefeteig, der im heißen Fett sofort aufgeht. Man begießt sie mit Fett, wendet sie einmal um und serviert sie als kleine, wunderbar leichte und knusprige Köstlichkeit mit etwas Puderzucker überstäubt.

Kurzinfo

Küchlein wurden ursprünglich am Tag vor dem jeweiligen Fest gebacken. Auch wenn sie frisch natürlich am knusprigsten schmecken, lassen sie sich in einer verschlossenen Dose auch ein bis zwei Tage aufheben. Gut verpackt kann man sie auch einfrieren. Man zuckert sie erst kurz vor dem Verzehr.

TIPP: Wie Krapfen allgemein, werden auch die evangelischen Küchlein gerne zum Kaffee gegessen!

Rezept | Polsterkrapfen

Aus den Zutaten wird ein Hefeteig hergestellt, der gründlich geknetet wird. Der Teig soll geschmeidig sein und sich gut ziehen lassen. Dann lässt man ihn ruhen, bis er gut aufgegangen ist. Man rollt ihn auf einer mit Mehl bestäubten Platte dünn (0,5 cm) aus und radelt mit dem Teigrädchen rechteckige Flecken (etwa 7 bis 10 cm) aus. Diese legt man auf ein mit Mehl bestäubtes Küchentuch, deckt sie zu und lässt sie nochmals kurz gehen.

Nach einem alten Spruch soll man von einem viereckigen Küchlein nicht weg gehen. Dies bedeutet, dass die Verarbeitungszeit der Teigstückchen relativ kurz ist. Man erhitzt in der Zwischenzeit das Fett in einem geeigneten Topf. Wenn es heiß ist, lässt man ein Teigstück hinein gleiten und übergießt es sofort mit einem Schöpflöffel mit heißem Fett. Das Küchlein geht sehr schnell polsterartig auf. Wenn die Unterseite schön goldbraun ist, dreht man es um und begießt es auch von der Unterseite. Dann nimmt man es heraus und lässt es auf Küchenpapier abtropfen. Gezuckert wird erst unmittelbar vor dem Verzehr.

Zutaten

5 kg Mehl, 1 Pfund Zucker, 1 Pfund Butter, 5 Würfel Hefe, 10 Eier, ca. 1 (1/4) l Milch
ausreichend Butterfett zum Ausbacken.

oder

1 kg Mehl, 100 g Zucker, 100 g Butter, 1 Würfel Hefe, 2 Eier, ca. 1/4 l Milch
ausreichend Butterfett zum Ausbacken.

HERTLEINS Streitberger

Alte Kurhausbrennerei

Home of Bitter

Der bekannte Streitberger Bitter hat hier seine Wurzeln. Im Jahre 1898 ersann Hans Hertlein die Rezeptur aus 73 Ingredienzien – darunter über 50 Kräuter, Beeren, Wurzeln, Blüten – aus den fränkischen Regionen, dem Orient, wie China, ja sogar einigen Heilkräutern der südamerikanischen Hochkulturen, die bis heute unverändert für den Streitberger Bitter verwendet wird. Eigentlich eine Idee aus der calvinistischen Schweiz, fand der heutige Verdauungsschluck seinen Weg über die Preußen in deren fränkische Exklave Streitberg. In der Apotheke als Allzweckwaffe verkauft, erlangte der Streitberger Bitter in seiner besonderen Flasche schnell überregionale Bekanntheit. In den folgenden Jahrzehnten kamen weitere Rezepturen, Verfahrenstechniken und hocharomatische Produkte hinzu, die auch nach der Übernahme des Betriebes durch Monika Mähringer 1997 die Grundlage für die weiteren Innovationen darstellten.

Kontakt

Hans-Hertlein-Straße 6
91346 Wiesenttal-Streitberg
Tel.: 09196-777
Mail: streitberger@streitberger-bitter.de
www.streitberger-bitter.de

Öffnungszeiten

Mo bis Do	7.00 – 16.00 Uhr
Fr	7.00 – 15.00 Uhr
Sa	10.00 – 12.00 Uhr

Edelbrennerei Erlwein

Die Familienbrennerei

Bereits seit einem Jahrhundert brennt Familie Erlwein in Weigelshofen ihre Köstlichkeiten. Die Gründergenerationen arbeiteten mit einem historischen Brenngerät, welches noch mit Holz befeuert wurde. Heute brennt Matthias Erlwein mit moderner Destillationstechnik. Mit handverlesenem Obst aus eigenem Anbau oder von Bauern aus der Region werden feinste Edelbrände und Geiste schonend hergestellt. Kommen Sie vorbei und überzeugen Sie sich selbst vom reichhaltigen Angebot! Es umfasst nicht nur verschiedene Brände und Geiste, sondern zusätzlich Whisky, Gin, Williams mit naturreinem Honig verfeinert und das allseits bekannte Schnapskistla.

Kontakt

Eggerbachstraße 13
91330 Eggolsheim-Weigelshofen
Tel.: 09545-442382
Fax: 09545-1494
Mail: info@brennerei-erlwein.de
www.brennerei-erlwein.com

Öffnungszeiten

Jederzeit gerne,
bitte rufen Sie zur
Sicherheit vorab
telefonisch durch.

Kren aus fränkischem Anbau

Die urgesunde und scharfe Wurzel

Der Name Kren, oder Kree (= Meerrettich) soll wie die Pflanze selbst aus dem südöstlichen Europa stammen. Im Altslawischen bedeutet das Wort „krenas" soviel wie Weinen, was jeder nachvollziehen kann, der einmal ein Stückchen frische Krenwurzel probiert hat. Kren ist eine ausdauernde, teilweise auch wild wachsende Pflanze, die in Oberfranken in aufwändiger Handarbeit feldmäßig kultiviert wird. Ihre gelblich-braunen Pfahlwurzeln werden ab Oktober geerntet und zu einem großen Teil in regionalen Betrieben weiterverarbeitet. Frisch gerieben, mit Brühe, Butter oder Sahne abgelöscht, ist Kren eine urgesunde Delikatesse und ein unverzichtbarer Bestandteil der oberfränkischen Küche. Man verwendet ihn als scharfe Würzbeilage zu Fleisch, Wurst und Fisch sowie als Zutat zu Suppen, Gemüse und Salaten. Wer die Schärfe mildern will, sollte den Kren mit heißer Butter oder Brühe „ablöschen".

Kren gehört zu den bis ins Mittelalter zurück gehenden traditionellen Gärtnerkulturen des Bamberger Landes und der Region um Forchheim und Nürnberg. Ursprünglich verwendete man ihn wegen seiner gesundheitsfördernden Inhaltsstoffe als Heilpflanze, später auch zum Würzen von Wurst, Fleischspeisen und Fisch.

Kurzinfo

Wer frischen Kren-Geschmack mag, sollte ihn möglichst am offenen Fenster reiben und gegebenenfalls mit Butter, Sahne, Essig und Öl bzw. Brühe ablöschen. Zur fränkischen Variante des Tafelspitzes (gekochte Ochsenbrust), die gerne als Hochzeitsessen serviert wird, gehört eine behutsam gekochte Portion Gemüsemeerrettich, die mit gerösteten Semmelbröseln, etwas Zucker und zerlassener Butter angerichtet wird.

TIPP: Krenstangen werden an einem dunklen und kühlen Ort gut eingeschlagen oder in einer Sandkiste aufbewahrt!

Heute wird Kren vor allem in der Fränkischen Schweiz sowie im mittelfränkischen Baiersdorf feldmäßig angebaut. Aus dieser Region stammt inzwischen der größte Teil des in Bayern unter der geschützten Herkunftsbezeichnung „Bayerischer Meerrettich" vermarkteten Krens. Seit dem Juli 2010 gehört er unter diesem Namen zum Projekt „Weltgenusserbe Bayern", das – unterstützt von der EU-Kommission – das kulinarische Erbe Bayerns und seine regionale Identität im In- und Ausland bekannt machen soll.

Auch die Gastronomie der Fränkischen Schweiz veranstaltet um die scharfe Krenwurzel ein besonderes kulinarisches Ereignis. So werden seit über zehn Jahren zur Erntezeit des Krens im Oktober die „Scharfen Wochen" veranstaltet. Dazu präsentieren die teilnehmenden Wirtshäuser eine einmalige Vielzahl traditioneller und neu entwickelter Gerichte mit Kren, die man einfach einmal probiert haben muss.

Rezept | Krensoße

Den Kren fein reiben (dazu am besten am geöffneten Fenster arbeiten). Die Stange mehrfach umdrehen, damit die Fasern nicht zu lang werden. Inzwischen die Butter erhitzen und den geriebenen Kren sofort darin dünsten. Mehl dazu geben und gut rühren, bis sich die Masse vom Topfboden hebt. Mit der Brühe ablöschen und mit Salz und Zucker würzen.

Die Soße passt hervorragend zu gekochter Rinder- oder Ochsenbrust.

Zutaten

- 1/2 Stange Meerrettich
- 60 g Butter
- 60 g Mehl
- 1/8 l Sahne
- 1/4 l Fleischbrühe, etwas Salz und Zucker

Akzent Hotel & Restaurant Goldner Stern

Tradition im Herzen der Fänkischen Schweiz

Der „Goldne Stern" ist ein traditionsreiches Hotel im „Land der Ritter, Burgen und Dörfer", der Fränkischen Schweiz in Oberfranken. Trotz aller Tradition ist Familie Bugl auf dem aktuellsten Stand: Sowohl der „Goldne Stern" als auch seine Dependance „Sternla" sind mit vier Sternen klassifiziert. Das Tagungshotel und dessen Wellness-Bereich haben einiges zu bieten. Das gemütliche Restaurant steht neben den hauseigenen Gästen natürlich auch Wanderern als zünftiger Abschluss eines Ausflugs in die herrliche Natur der Fränkischen Schweiz offen. Der „Goldne Stern" wurde übrigens vom Bayerischen Hotel- und Gaststättenverband als wandererfreundliche Gaststätte ausgezeichnet. In unmittelbarer Nähe befindet sich die hauseigene Fliegenfischereistrecke. Familie Bugl verfügt zudem über eine hauseigene Jagd mit derzeit zwei eigenen Jagdgebieten und wird ab 2021 Ausflugsfahrten mit Trecker und Planwagen inklusive kulinarischer Verköstigung anbieten.

Kontakt

Marktplatz 6, 91346 Wiesenttal
Tel.: 09196-92980
Fax: 09196-1402
Mail: hotel@goldner-stern.de

www.goldner-stern.de

Öffnungszeiten

Die aktuellen Öffnungszeiten entnehmen Sie bitte der Website oder erfragen diese bei einem Anruf im Hotel

BRENNELECK
Kondrauer

Spargel aus oberfränkischem Anbau

Direkt vom Feld auf den Tisch

Nur wenige Wochen im Jahr – von Mitte April bis zum 24. Juni, dem Johannistag – wird in Oberfranken Spargel gestochen. Das geduldige Warten lohnt allemal, denn so kommt das begehrte Gemüse knackig frisch, oft direkt vom Feld, an den Verbraucher. Man isst Spargel in Oberfranken gerne in zwei Varianten: frisch gekocht in einem feinen Sud mit Butter oder als Salat mit Essig, Öl und Zwiebeln pikant gewürzt. Dazu serviert man einfach nur Kartoffeln, kombiniert mit Schinken oder variiert auf gut fränkisch mit Bratwürsten.

Spargel wird in Oberfranken vor allem auf den sandig-leichten Talböden entlang von Main und Regnitz feldmäßig angebaut. Neben dem beliebten weißen Spargel mit mildem Aroma ist auch der weiß-violette Spargel begehrt, der erst gestochen wird, wenn die Köpfe etwas über die Erdkrume hinausschauen. Er schmeckt kräftig-würzig und eignet sich gut für Spargelsalat. Auch der gesunde grüne Spargel wird inzwischen in Oberfranken in größeren Mengen geerntet. Er wird erst gestochen, wenn seine Triebe eine gewisse Höhe erreicht haben.

Kurzinfo

Frischen Spargel bewahrt man an einem kühlen, dunklen Ort – aber nicht im Kühlschrank – auf. In ein feuchtes Tuch eingeschlagen hält er sich einige Tage frisch. Gekochten Spargel sollte man nach einer alten Haushaltsregel nicht lange aufbewahren. Am besten verwendet man ihn für Spargelsalat.

TIPP: Frisch gekochter Spargel, mit Butter übergossen, schmeckt zu Kartoffeln hervorragend!

Grünspargel als wild wachsende oder kultivierte Heil- und Genusspflanze ist seit der Antike im ganzen Mittelmeerraum bekannt. Im Mittelalter kam er über die Klostergärten nach Nordeuropa und wurde in verschiedenen Formen als gekochtes Gemüse und als Salat zubereitet. Wohl erst im 19. Jahrhundert entdeckte man die Möglichkeit, Bleichspargel zu ziehen, indem man die Pflanze in niedrige Erdwälle von ca. 30 cm Höhe setzte. Gleich welcher Art des Spargels man den Vorzug gibt, das frisch in einem mit Salz, Zucker und einem Stück Butter gewürzten Sud gekochte Gemüse schmeckt unvergleichlich gut und rechtfertigt das monatelange Warten bis zur nächsten Saison.

Rezept | Spargelsalat

Für den Salat legt man die gekochten Stangen in eine passende Schüssel und bereitet aus dem Spargelsud, Weißweinessig oder Weißwein, eventuell mit etwas Zitrone, 1 Essl. Öl, Salz und Pfeffer eine feine Soße. Wer kulinarisch etwas experimentieren möchte, kann zum Beispiel auch ein paar Tropfen Holunderblütenessig zum Würzen verwenden.

Man lässt die Spargelstangen eine Zeit lang in dem Sud ziehen, nimmt sie zum Servieren heraus und überstreut sie mit klein geschnittenem Schnittlauch oder fein geschnittenen Frühlingszwiebeln. Dazu passt ein gutes Bauernbrot.

Zutaten

1 kg gekochter Spargel, etwas Öl, 1 Essl. guter Weißweinessig, evtl. auch Weißwein, Spargelsud, Zitrone, zum Abschmecken Salz, Pfeffer und Zucker, ein Hauch frisch geriebener Muskat, Schnittlauch oder milde Zwiebeln

SCHWEGEL
AUFSESSTAL

Forellenzucht Aufseßtal

Frischer Fisch auf dem Bauernmarkt

Seit 1985 zieht Familie Schwegel zusammen mit ihrem Team einheimische Süßwasserfische groß – vom Ei bis zum Speisefisch. Im idyllischen Aufseßtal und in den eigenen Naturteichen in Trockau und Mengersdorf wachsen Saibling, Lachs-, Bach- und Regenbogenforelle, Karpfen und Waller. Schwegels schlachten, räuchern und beizen mehrmals pro Woche, so dass sie optimale Frische garantieren.

- Einzigartige Fischqualität, da die Fische langsam und artgerecht aufgezogen werden (ca. 2 – 3 Jahre)
- Optimale Frische, da eigene Verarbeitung mit kurzen Wegen
- Schonende Behandlung der Fische durch handwerkliche Verarbeitung
- Ökologisch-nachhaltige Teichwirtschaft in Naturteichen und mit Strom aus eigenem Wasserkraftwerk

Kontakt
Wüstenstein 53,
91346 Wiesenttal
Tel.: 09196-1424
Mail: servus@aufsesstal.de

www.aufsesstal.de

Öffnungszeiten
Mo bis Fr 8.00 – 18.00 Uhr
Sa 14.30 – 16.30 Uhr
ansonsten nach Vereinbarung

Weitere Anbieter im Landkreis Forchheim

Wildgehege Geck
Rüssenbacher Straße 21
91320 Ebermannstadt
Tel.: 09194-724214
Fax: 09194-7959409
Mail: rohner5@gmx.de

www.wildgehege-geck.de.rs

Likörfabrikation Leonhard Herbst
Erzleite 13
91320 Gasseldorf-Ebermannstadt
Tel.: 09194-796696
Mail: frankenbitter@yahoo.de

www.frankenbitter.de

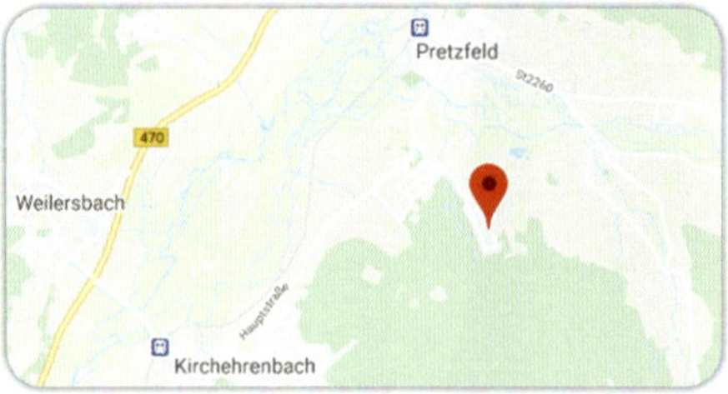

Brennerei Herzstück
Kuppelholzweg 16
91362 Pretzfeld
Tel.: 09194-2641560
Mail: info@brennerei-herzstueck.de

Edelobstbrennerei Johann Schilling
Bahnhofstraße 10
91346 Streitberg/Wiesenttal
Tel.: 09196-9987248
Fax: 09196-9987249
Mail: info@brennerei-schilling.de
www.brennerei-schilling.de

Confiserie Pieger
Schlaifhausen 36
91369 Wiesenthau
Tel.: 09199-695896
Mail: info@pralinen-pieger.de

www.confiserie-pieger.de

31208

DBA – Deutsche BierAkademie GmbH

Bier genießen – aber richtig!

Die Genussregion ist natürlich auch eine Bierregion, die in dieser Beziehung auch mehrere inoffizielle Weltrekorde hält. Doch auch der Biergenuss kann und will gelernt sein. Schließlich geht es weniger um die Quantität, sondern vielmehr um die Qualität der Freude am Gerstensaft. Dieser Profession hat sich die Deutsche BierAkademie verschrieben, deren Team seit 2006 spannende Veranstaltungen rund um das Thema Bier in der gesamten Genussregion Oberfranken anbietet. Am Firmensitz Bamberg gibt es regelmäßig BierSeminare und BierkennerTouren, in der Fränkischen Schweiz können Sie auf Bierwanderung gehen oder mit einem Oldtimerbus nebst Biersommelier die Schönheit des Landes erkunden – Hochgenuss ist garantiert! Und wer gerade nicht in unserer schönen Genussregion verweilen kann, kann einfach ein Ticket für eine der Online-Verkostungen erstehen, hier geht es dann zum Beispiel virtuell in die historischen Bierkeller unter der Schlenkerla-Brauerei.

TIPP: Das jährliche Bier- und Schokoladenseminar mit Johannes Storath!

Weiterbildung rund ums Bier

Für alle, die es eher professionell angehen wollen, bietet die Deutsche Bier-Akademie ein umfangreiches Weiterbildungsprogramm, mit dem Sie zur Bierfachfrau/zum Bierfachmann (in Bayreuth, Hof oder Kulmbach) oder auch gleich zur Biersommelière/zum Biersommelier werden können. Mehr vom Bier wissen bedeutet, mehr von Bier zu haben – und genau das erleben Sie einerseits selbst und können es andererseits dann auch kompetent an Freunde, Kunden oder Kollegen weitergeben. Das Weiterbildungsprogramm richtet sich an Brauereien, Hotels und Gastronomen sowie deren Mitarbeiter, aber auch an den Handel und interessierte Privatleute, die einfach einen weiteren Schritt auf der Biererkenntnisleiter erklimmen wollen. Seit März 2020 gibt es das Seminarprogramm auch in einer Online-Version, sodass auch hier das Erlernen und Genießen von zuhause aus möglich ist.

Kontakt

Theatergassen 4
96047 Bamberg
Tel: 09545-4432881
Mail: info@bierakademie.net

www.bierakademie.net

Hotline:

Markus Raupach	0179-1327377
Holger Hahn	0151-56293999

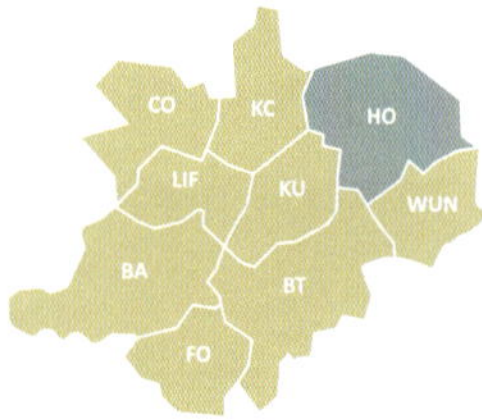

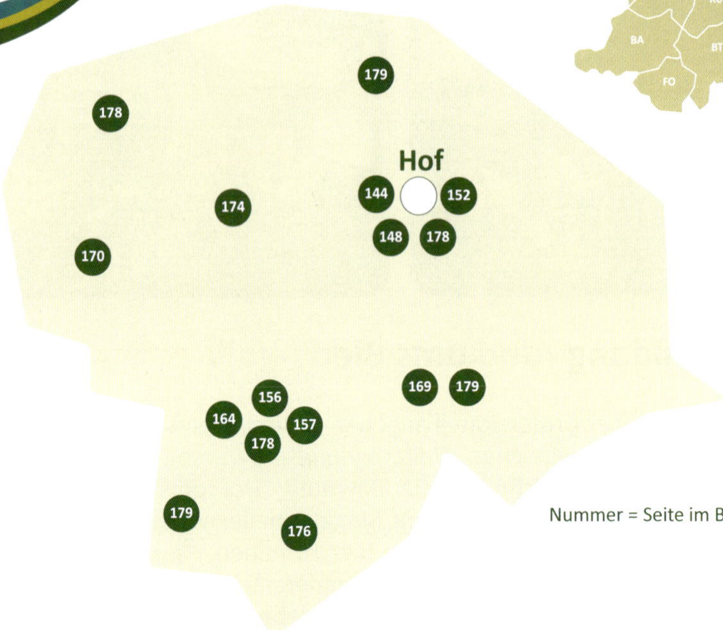

Nummer = Seite im Buch

A Wärschtlamo is immer do

„Bayrisch Sibirien" – so wird die Stadt, die sich selbst „in Bayern ganz oben" sieht, gerne von Außenstehenden bezeichnet. Das liegt aber weniger am tatsächlich relativ kühlen Durchschnittsklima, sondern an der Praxis königlicher Behörden, unbequeme Beamte von München nach Hof zu versetzen. Auf jeden Fall haben die Hofer ihren eigenen Kopf – und das ist auch gut so. Denn dadurch haben sich hier einzigartige Spezialitäten entwickelt, die auch von der Nähe zu Sachsen und Böhmen geprägt sind. Ein gutes Beispiel ist die europaweit anerkannte „Hofer Rindfleischwurst". Der Genussort Hof und seine fleißigen Wärschtlamo in den Straßen sind also auf jeden Fall eine Reise wert, genauso wie sein Pendant Münchberg, das vor allem für besondere Brote und Wurstwaren verantwortlich zeichnet.

Anbieterportraits Hof Stadt & Land

Spezialitäten, Rezepte und Genusstour

Familienbrauerei Georg Meinel GmbH

DAS Hofer Bier

Als letzte der vielen ursprünglichen Hofer Brauereien konnte sich die Meinel-Brauerei am Markt behaupten. Und das mit besonders viel Liebe und Kreativität. Das Schwesternpaar Monika und Gisela hat vor kurzem das Ruder übernommen und sowohl mit innovativen Bierstilen als auch mit einem eigenen „Biersalon", dem Trompeter in der Bismarckstraße, auf sich aufmerksam gemacht. Neben den Bieren bietet die Brauerei Liköre und Spirituosen sowie spannende Veranstaltungen, von der Brauereiführung bis zum Bierkulinarium. Richtig hoch her geht es auf dem Volksfest und beim Bockbieranstich, wenn der beliebte „Absolvinator" von Frankenwürfelträger und Seniorchef Hans-Joachim angestochen wird. Für alle, die es ganz traditionell wollen, empfehlen wir einen Besuch in der Brauereigaststätte, der Meinels Bas, die besonders im Sommer durch ihren wunderschönen Biergarten zu glänzen weiß.

Kontakt

Alte Plauener Straße 24, 95028 Hof
Tel.: 09281-3514
Fax: 09281-77621
Mail: meinebestellung@meinel-braeu.de
www.meinel-braeu.de

Öffnungszeiten

Mo bis Fr	8.00 – 18.00 Uhr
Sa	8.00 – 13.00 Uhr

Hofer

Frankens Bierstil ist der Genuss-Geheimtipp im ganzen Land

Für uns Franken ist es eigentlich ein alter Hut, das Kellerbier. Historisch gesehen ist es das jeweils bestmögliche Bier, das die Brauereien mit den verfügbaren Rohstoffen und ihren Anlagen herstellen konnten. Deswegen ist es auch so unterschiedlich. In Nordfranken eher hell, filtriert und hopfenbetont, in der Mitte eher bräunlich, unfiltriert und mit wenig Kohlensäure und im Süden noch dunkler, malzbetont und kräftig. Gelagert wurde dieser flüssige Schatz in den Kellern der Brauereien, den „Kühlschränken der Natur". Und so bekam es auch seinen Namen.

Über die vielen Hundert Jahre ihrer Existenz haben Frankens Brauereien ihr Bier perfektioniert. Schließlich wollten sie ein gutes Geschäft machen. Das Bier sollte also vor allem eines: gut „laufen", also schmecken, „süffig" sein, Lust auf mehr machen, echter Genuss eben. Genau das haben nun die Brauereien auch im restlichen Deutschland für sich entdeckt. Schluss mit mehr oder weniger einheitlich schmeckendem Pils, keine großen Experimente, sondern die bewusste Entdeckung des fränkischen Top-Sellers, der auch nach vielen Jahrhunderten nichts an seiner Popularität eingebüßt hat.

Den Anfang unter den größeren Brauereien machte 2007 die Flensburger Brauerei mit ihrem Flensburger Kellerbier. Schnell eroberte sich das neue Bier ganz oben einen hohen Stellenwert, und die Stralsunder Störtebeker Brauerei ließ sich anstecken. Mit ihrem „Keller-Bier 1402" gewann sie 2010 beim World Beer Cup in den USA den Titel „Bestes Kellerbier der Welt". Zur Ehrenrettung der Franken muss man allerdings sagen, dass unsere Kleinbrauereien bei diesem Wettbewerb gar nicht erst vertreten sind.

Nun traten auch die wirklich Großen auf den Plan: 2012 hatte Warsteiner ein Kellerbier in der Schublade, doch Veltins war schneller und präsentierte 2013 mit ihrem „Grevensteiner" als erste der zehn umsatzstärksten Branchen-Riesen Deutschlands ein Gegenstück zum „Fernseh-Pils" aus der TV-Werbung. „Es ist ein Bier für Liebhaber, die Spezialitäten und die Abwechslung mögen", verkündete damals das Familienunternehmen, das heute mit knapp drei Millionen Hektolitern Jahresproduktion an vierter Stelle im Lande steht. Das neue Grevensteiner macht heute mit 170.000 Hektolitern einen erheblichen Anteil aus, ist stärker als beispielsweise Alkoholfreies und Radler, bei steigender Tendenz.

Im November 2017 zog nun auch Deutschlands Branchen-Primus Krombacher nach und präsentierte die „Krombacher Brautradition", wiederum ein Kellerbier nach fränkischem Muster. Von den knapp 6 Millionen Hektolitern Jahresausstoß der Sauerländer machte das Kellerbier im Folgejahr bereits 73.000 Hektoliter aus und hat die höchsten Zuwachsraten im Unternehmen. Man sieht also: Die eigentliche Bier-Revolution findet gar nicht bei den Craft-Bier-Sorten wie IPA, Porter und Sauerbier statt, sondern die Deutschen lernen gerade einen anderen Bierstil kennen und lieben: das fränkische Kellerbier.

Das zeigt sich übrigens auch in den Tourismuszahlen. Die fränkischen Biermetropolen erfreuen sich zunehmender Beliebtheit, und die Antworten in den Befragungen lauten immer öfter: „Ich komme wegen des guten Bieres und der gemütlichen Atmosphäre in den Brauereien und Biergärten." Sind wir froh, wenn wir hier geboren sind, und dass wir für ein gutes Kellerbier nicht zum Supermarkt, sondern einfach nur zur Brauerei um die Ecke gehen müssen. Oder am besten gleich auf einen der rund 200 Bierkeller in der Genussregion, wo man sich einfach am wohlsten fühlt, mit einem frischen Seidla Kellerbier in der Hand und einem schattigen Blätterdach über dem Kopf.

Hotel Falter Brauereigasthof

Gut essen und gut schlafen

Nach der Schließung der Brauerei Falter führt Familie Falter das schöne Hotel mit Brauereigasthof weiter. Der Biergarten ist schön grün bepflanzt und interessant in mehrere Bereiche unterteilt. So gibt es einen extra Spielbereich und einen kleinen für Feiern abtrennbaren Außenbereich. Es gibt bayerisch-fränkische Küche auf hohem Niveau, die Fische werden frisch gefangen. Selbst Wild und Lamm zieht man im eigenen Gehege groß. Am besten genießt man das Ensemble bei einer der zahlreichen Veranstaltungen, von der Hütten-Gaudi bis zum Candlelight-Dinner. Lassen Sie sich einfach mal verführen ...

Kontakt

Hirschberger Straße 6, 95030 Hof
Tel.: 09281-76750
Fax: 09281-7675-190
Mail: info@holtelfalter.de

www.hotelfalter.de

Öffnungszeiten

Die Öffnungszeiten, die Zeiten für die warme Küche und für das Frühstück vom Büffet finden Sie auf der Website.

Hochzeitsuppe auf fränkische Art

Etwas ganz Besonderes

Über die Beschaffenheit einer Hochzeitssuppe nach fränkischer Art bestehen verschiedene Ansichten. Für die einen ist sie traditionell eine Leberklößchensuppe, wie man sie zum Auftakt vieler Festessen serviert. Andere Rezepturen fordern bis zu „siebenerlei" verschiedene Zutaten, denn nur dann bringt die Suppe dem Brautpaar Glück.

Möglicherweise entstand der Begriff der „Hochzeitssuppe" durch einen Übersetzungsfehler aus dem Italienischen. Eine „minestra maritata" (verheiratete Suppe) wurde keineswegs zur Hochzeit gekocht, sondern verweist auf die Mischung von Fleisch- und Gemüseeinlagen in einer Suppe.

Sicherlich wurde traditionell auch zu oberfränkischen Hochzeiten immer eine gute Suppe gereicht, die sich vielerorts wohl nicht wesentlich von der üblichen Festtagssuppe, also einer Leberklößchensuppe oder auch einer Rindfleischsuppe mit Einlage, unterschied. Daneben gibt es aber auch ein kulinarisches Brauchtum aus jüngerer Zeit, nach dem die fränkische Hochzeitssuppe mit reichhaltigen (siebenerlei) Einlagen auszustatten ist, um dem Brautpaar Glück zu bringen. Neben kleinen Nudeln oder Pfannkuchenstreifen kann die Suppe daher auch Eierstichwürfel, Suppenbiskuit und verschiedene Klößchen aus Mark, Fleisch, Grieß und Mehl enthalten. Grundlage der Suppe ist eine kräftige Fleischbrühe aus Suppenfleisch, Knochen und reichlich Wurzelwerk.

Kurzinfo

Rindersuppen lassen sich mehrere Tage im Kühlschrank oder auch eingefroren aufbewahren. Größere Mengen kann man auch in Gläser einkochen. Die Einlagen sollte man möglichst trocken aufbewahren (Suppenbiskuits) oder frisch zubereiten (Markklößchen, Pfannkuchenstreifen).

TIPP: Die fränkische Hochzeitssuppe ist eine ideale Suppe für festliche Anlässe.

Rezept | Fränkische Hochzeitssuppe

Aus den Zutaten für die Suppe wird eine feine Brühe hergestellt. Diese muss nicht unbedingt Fleisch enthalten. Man kann aber auch fein geschnittene Fleischwürfel in die Teller geben. Die Herstellung der Suppeneinlage verlangt einigen Aufwand. Die beschriebene Auswahl gehört zu den gängigen Suppeneinlagen:

Suppenbiskuit:
Eigelb, Butter und Mehl verrühren, salzen und steif geschlagenen Eischnee unterheben. Eine gefettete Form mit Pergament auslegen und Teig circa 1 cm dick einfüllen. Bei mittlerer Hitze goldgelb backen und in kleine Rauten schneiden.

Mehlklößchen:
Alle Zutaten zu einem Teig verrühren und mit Salz und Muskat abschmecken. Mit dem Teelöffel kleine Klößchen formen und in siedendem Fett ausbacken.

Leberklößchen:
Butter schaumig rühren und mit den anderen Zutaten verrühren. Petersilie und Zwiebel fein hacken und alles abschmecken. Kleine Klößchen formen, in kochendes Salzwasser legen und 10 Minuten ziehen lassen.

Pfannkuchenstreifen:
Aus den Zutaten einen dünnflüssigen Teig herstellen und in der Pfanne dünne Pfannkuchen ausbacken. In feine Streifen schneiden.

Zutaten

Die Zutatenliste ist durch die vielen unterschiedlichen Einlagen sehr lang. Die detaillierte Liste finden Sie auf der Website der Genussregion unter: genussregion-oberfranken.de/spezialitaeten/hochzeitsuppe-fraenkische-art/

(Der QR-Code führt Sie direkt zu den Spezialitäten der Genussregion)

M. MAX GmbH Fleischerfachgeschäft

Der geadelte Bratwurstkönig

Wer an Metzgerei denkt, denkt meist eher an Tradition als an Innovation. Dass sich beides ganz wunderbar vereinen lässt, führt die Metzgerei MAX aus Hof vor. Seit über 80 Jahren und in der vierten Generation tüftelt die umtriebige Manufaktur an neuen Rezepturen und sammelt so nebenbei einen Preis nach dem anderen, wie den Staatsehrenpreis für das Bayerische Metzgerhandwerk oder den Titel zum 1. fränkischen Bratwurstkönig. Für die Käfer Wiesn-Schänke kreiert man seit 15 Jahren wechselnde Wiesn-Spezialitäten. Nach dem Geheimnis hinter der herausragenden Qualität seiner Produkte befragt, verweist Thomas Köhn, der die Manufaktur als Familienunternehmen führt, auf die zentrale Bedeutung artgerechter Tierhaltung, einer Fütterung ohne Wachstumsförderer und der absoluten Transparenz der Herkunft. Um diesem qualitativ hochwertigen Fleisch gerecht zu werden und den Stil der Landwirte beizubehalten, hat MAX eine vor ca. 60 Jahren verlorengegangene Reifemethode wieder aufleben lassen – Dry Aged!

Kontakt

Quetschenweg 32, 95030 Hof
Tel.: 09281-70900
Fax: 09281-709010
Mail: post@max-metzger.de

www.max-metzger.de

Öffnungszeiten

Mo	7.30 – 13.30 Uhr
Di bis Do	7.30 – 18.00 Uhr
Fr	7.00 – 18.00 Uhr
Sa	7.00 – 12.30 Uhr

Hofer Rindfleischwurst

Ein besonderes Aushängeschild

Die Hofer Rindfleischwurst ist besonders mager und bekömmlich. Es handelt sich um eine streichfähige Rohwurst mit fein würzigem Eigengeschmack, abgerundet von einer leicht scharfen Pfeffernote. Hofer Rindfleischwurst zeichnet sich durch eine ansprechende, kräftig rötliche Farbe aus, die die Wurst während des Herstellungsverfahrens durch die sogenannte Umröte erhält. Geschmacklich abgerundet wird sie durch Kalträucherung über Buchenholz, was ihr ein zartes Raucharoma verleiht. Sie ist gut streichfähig und hat eine angenehme Konsistenz. Zutaten: Rindfleisch, Schweinefleisch, Speck, Salz, Gewürze, Buchenholzrauch. Ungekühlt ist sie bis zu acht Tagen haltbar.

Die Hofer Rindfleischwurst ist in ihrer Konsistenz etwas grober als eine Teewurst, jedoch feiner als eine Mettwurst. Als Hauptbestandteil enthält sie viel (mageres) Rindfleisch und ist deshalb besonders hochwertig. Der feine Geschmack erhält durch das Anräuchern über Buchenholz eine rauchige, schinkenähnliche Note. Diese Wurstspezialität wird nur in der Stadt und im Landkreis Hof / Saale hergestellt. Sie ist in Name und Herkunftsbezeichnung als regionaltypisches Produkt mit geographischer Ursprungsbezeichnung markenrechtlich geschützt.

Hofer Rindfleischwurst besitzt im abgegrenzten geographischen Gebiet von Stadt und Landkreis Hof eine über 50-jährige Tradition.

Kurzinfo

Hofer Rindfleischwurst ist eine streichfähige Rohwurst, ein Frischeprodukt, das nicht für eine längere Lagerung bestimmt ist. Aufbewahrt werden sollte sie aber nicht im Kühlschrank, denn dort verliert sie Ihre Streichfähigkeit und Ihre Farbe. Lagern Sie die Wurst nach Möglichkeit höchstens acht Tage bei Temperaturen von 10 – 15°C.

TIPP: Am besten schmeckt Hofer Rindfleischwurst auf einem fränkischen Landbrot, mit Zwiebel- und Radieschenscheiben garniert!

Als ihr Erfinder gilt Metzgermeister Hans Militzer, der 1950 erstmals die Rezeptur der Rindfleischwurst entwickelte. Diese Tradition setzte sein ehemaliger Geselle Gottfried Rädlein fort, der sie von 1962 bis 1993 im eigenen Betrieb in Hof produzierte und diese weit über die Stadtgrenzen hinaus bekannt machte. Wegen ihres äußerst fettarmen Ausgangsmaterials war und ist die Hofer Rindfleischwurst ein besonders gut bekömmliches Produkt, dessen Verzehr seinerzeit sogar von Ärzten empfohlen wurde.

Wegen ihres feinen Geschmacks und ihrer guten Bekömmlichkeit wurde die Rindfleischwurst schnell beliebt. Daher wurde sie bald auch von anderen Metzgern in Stadt und Region Hof hergestellt. Heute zählt sie zu den beliebtesten Wurstsorten in der großen Produktpalette der Hofer Metzgereien überhaupt. Die Hofer Rindfleischwurst wurde bereits bei verschiedenen Wurstwettbewerben ausgezeichnet und prämiert. Für Ihre Bekanntheit spricht auch die Aufnahme in die Leitsätze des Deutschen Lebensmittelbuches.

Zubereitung

Magerfleisch und Rückenspeck werden zunächst zerkleinert und vermischt. Anschließend werden Gewürze und Nitritpökelsalz hinzugegeben. Um eine optimale Feinheit und gleichmäßige Körnung zu erreichen, wird die Masse bei 12°C weiter fein gekuttert. Die so gewonnene Wurstmasse wird in einem Darm abgefüllt und in einer Räucherkammer über Buchenholz geräuchert. Die Hofer Rindfleischwurst bekommt dadurch ihr gutes Raucharoma und somit auch die appetitlich rötliche Farbe im Anschnitt.

Kurzinfo

Als Rohstoff wird fettgewebearmes und sehnenfreies Rindfleisch verwendet. Darüber hinaus wird auch Rückenspeck vom Schwein hinzugegeben, der die Wurst streichfähig macht. Beim Rindfleisch wird das Fleisch von ausgewachsenen, älteren Schlachttieren bevorzugt, da diese der Hofer Rindfleischwurst eine kräftige Fleischfarbe geben.

1897 – Wiener Kaffeehaus & Privatrösterei

Privatrösterei 1897

Die eigene Kaffeerösterei röstet nach althergebrachtem und traditionellem Trommelröstverfahren in Manufakturarbeit schonend erlesene Kaffeesorten aus aller Welt und kreiert daraus handverlesene, wohlschmeckende und aromareiche Kaffeekompositionen. Es ist eine wahre Kunst, der Kaffeebohne nicht nur die Vielfalt der Kaffeearomen zu entlocken, sondern auch eine Harmonie aus dieser Vielseitigkeit zu komponieren.

Der Kaffee ist im Kaffeegeschäft in Bayreuth (Opernstraße 7), im Direktverkauf in der Rösterei in Münchberg, in Einzelhandelsgeschäften in und um Münchberg (Gourmet Wunderlich, EDEKA und Kaufland) und über den Onlineshop erhältlich. Das Angebot umfasst hochwertigste Arabica- und Robusta-Kaffees aus aller Welt, die den Kunden sowohl als Singles (Einzelsorten) als auch als Blends (Mischungen) – in ganzen Bohnen oder auf Wunsch frisch gemahlen – angeboten werden.

Kontakt

Wilhelmstraße 27
95213 Münchberg
Tel.: 09251-8997358
Mail: info@1897kaffeehaus.de

www.1897kaffeehaus.de

Öffnungszeiten

Münchberg:
nach telefonischer Vereinbarung
Bayreuth:

Mo bis Fr	**10.00 – 13.30 Uhr**
und	**14.30 – 17.30 Uhr**
Sa	**10.00 – 17.00 Uhr**

WUNDERLICH
Feines aus Garten und Natur

Gourmet Wunderlich

Feines aus Garten und Natur

Den kleinen Familienbetrieb Gourmet Wunderlich gibt es bereits seit 2010. Die Produkte und Kräuter, die größtenteils aus den eigenen Gärten stammen, werden in reiner Handarbeit verarbeitet, abgefüllt und liebevoll beschriftet. Sebastian Wunderlich als kreativer Koch und sein Vater Günther Wunderlich als gelernter Porzellandesigner sind das perfekte Team, um immer wieder neue Produkte zu entwickeln.

Bereits seit 2010 sind sie auch auf Märkten in der Region unterwegs. Kunden können die selbstgemachten Produkte aber auch im Laden in der Gartenstraße in Münchberg erwerben, wo auch noch viele Münchberger Kleinhersteller Ihre Waren ausstellen. Im zugehörigen WienerKaffeeHaus mit Garten kann man bei selbst gebackenem Kuchen verweilen.

Kontakt

Gartenstraße 5
95213 Münchberg
Tel.: 01511-7297605
Mail: feinesausgartenundnatur@googlemail.com
www.gourmet-wunderlich.de

Öffnungszeiten

Fr	9.00 – 18.00 Uhr
Sa	9.00 – 15.00 Uhr
So	13.00 – 16.00 Uhr

Rund um Bad Steben – Eine Genusstour im Hofer Land

Bad Steben ist ein Markt im oberfränkischen Landkreis Hof und mit knapp 600 Metern über NN das höchstgelegene Staatsbad in Bayern. Vor der Verleihung des Titels „Königlich Bayerisches Staatsbad“ wurde der Ort Steben genannt und war das Zentrum des Bergbaus im Frankenwald. 1444 gab es erste Berichte über die Quellen, 1690 erschien ein erster wissenschaftlicher Bericht über Heilanwendungen vom Hof- und Stadtmedikus Gottfried von Stein. 1832 kaufte der Bayerische Staat die Stebener Heilquellen und ließ u.a. durch Leo von Klenze die attraktiven Kuranlagen ausbauen.

2004 erweitert und neu eröffnet, ist das Staatsbad heute eine wahre Wohlfühloase, in der besonders die Heilmittel Radon, Kohlensäure und Naturmoor Anwendung finden. Bis zur Übernahme der Quellen durch das Königreich Bayern war Steben ein Bergbauort mit einer 1000-jährigen Geschichte. Eine Grubenbahn gegenüber dem Staatsbad erinnert an den Steinkohle- und Flussspatbergbau, der 1968 zu Ende ging.

Genusstour Startpunkt: Bad Steben

Unter dem Kurpark bis zum nördlichen Ortsende verläuft mit dem Erlichgang das erste Bergbaugebiet Bad Stebens mit ehemals elf Bergwerken. Wir genießen die Aussicht am Ende des Kurparks und biegen nach Osten Richtung Mordlauer Revier ab, in dem ebenfalls noch heute Zeugnisse des Bergbaus sichtbar sind. Bei Dörflas führt der Weg Richtung Süden durch eine abwechslungsreiche Mittelgebirgslandschaft über das Stebenbachtal und den Lerchenhügel nach Thierbach im Froschbachtal. Die als Bodendenkmal sichtbaren Reste von Schloss Thierbach und der Burgstall Weidenstein erinnern an die ältere Herrschaftsgeschichte der Region. Der Name des Froschbachs leitet sich von Fraisch, also Grenzbach, ab und dürfte in die Zeit der Kolonisation dieser Gegend unter den Grafen von Orlamünde zwischen 1050 und 1300 zurückgehen.

Rund um Bad Steben –
Eine Genusstour im Hofer Land

Wir biegen ins Tal des Bobengrüner Baches ab. Die Ortschaft Bobengrün blickt auf eine über 600-jährige Geschichte zurück. Am Fuß des 729 Meter hohen Spitzbergs wandern wir über einen Teil des Planetenweges und biegen an der Christusgrüner Straße in Richtung auf das Geotop Marmorsteinbruch Horwagen ab, das zu den schönsten Geotopen Bayerns gehört.

Es ermöglicht einen Einblick in das mittlere Erdaltertum, als sich das heutige Mitteleuropa noch südlich des Äquators zwischen dem sich aufspaltenden Nordrand des Südkontinents Gondwana und dem Südrand des sich bildenden Nordkontinents Laurasia lag. In einem stark gegliederten Meeresbecken lagerten sich an den aufsteigenden Rändern Kalke ab, während sich im Beckengrund Tonschlamm sammelte. Als im späteren Erdaltertum (vor 350 bis 280 Millionen Jahren) die Kontinente aufeinander prallten, bildeten sich Hochgebirge, deren Gesteinsmassen noch heute an vielen Stellen im Frankenwald zutage treten.

Genusstour Startpunkt: Bad Steben

Im Geotop Horwagen stehen farbenprächtige, hell- bis dunkelrote Kalke an, die von roten und grünen Ton- und Tuffitlagen durchzogen sind. Dieses gestreckt netzartige Gefüge nennt man „Flaserung". Zusätzlich ist das Gestein von weißem Kalzit durchädert. Das über die Jahrhunderte abgebaute Gestein kam als „Deutschrot" in den Handel. Vorbei am Forsthaus Gerlas, heute ein vom Frankenverein betriebenes Wanderheim und Informationszentrum „Geologie und Bergbau des Frankenwaldes", biegen wir nach Norden ab und wandern zurück nach Bad Steben.

Wanderkarte & mehr Infos:

Goldbraun-knuspriger Bauerngockel

Goldbrau-knuspriger Bauerngockel

Geflügel gehört auch in Oberfranken zu den beliebtesten (Festtags-)Braten. Während Gans, Pute oder Ente eher in der Wintersaison verzehrt werden, stehen bratfertig zerlegte Hähnchen inzwischen ganz weit oben auf der alltäglichen Speisekarte. Fettarmes Hähnchenfleisch ist reich an Vitaminen und gilt im Zeitalter der Fitnesskultur als besonders leicht bekömmlich. Kurz und kross gebraten und mit einem knackigen Salat verzehrt, gehört Hähnchenfleisch daher zu den Schlagern der modernen Gesundheitsküche.

Aber auch die traditionellere Küche wusste einen ausgewachsenen Bauerngockel oder ein Huhn genussvoll zuzubereiten und mit einer würzigen Soße zu einem Festessen für die ganze Familie aufzuwerten. Versteht sich, dass das verwendete Geflügel ein deutlich höheres Schlachtgewicht erreichte, als heute in vielen Mastbetrieben üblich. Wer sich also ein saftiges und damit nicht allzu mageres Stück Federvieh gönnen möchte, sollte sich daher nach Angeboten aus Freilaufhaltung in

Kurzinfo

Fertig gebackenes Geflügel lässt sich mehrere Tage aufbewahren. Frischgeflügel sollte man nur kurze Zeit im Kühlschrank lagern. Für eine längere Lagerzeit ist das Einfrieren zu empfehlen. Die beschriebene Methode, Geflügel durch ständiges Übergießen saftig zu halten, wird auch bei etwas fettärmeren Tieren angewendet.

TIPP: Eierbrühe als Soßenbeigabe für Federvieh wird in alten Kochbüchern auch für Täubchen und Wachteln empfohlen.

der bäuerlichen Direktvermarktung umsehen. Für die Zubereitung sei die traditionelle Methode, Geflügel im Ganzen bei nicht zu niedrigen Temperaturen im Ofen zu garen, empfohlen. Dazu legt man den fertig vorbereiteten und mit Salz und Pfeffer eingeriebenen Vogel in einen passenden Bräter, bestreicht die Haut mit Butter und gießt Wasser oder Brühe an. Immer wieder mit Brühe übergegossen, bleibt der Braten saftig und bildet eine goldbraune, knusprige Haut. Nach dem Bratvorgang gießt man die Bratensoße durch ein feines Tuch oder Sieb, verquirlt zwei bis drei Eier mit etwas Milch und gießt diese in die heiße Soße, so dass das Ei sofort abbindet. Dabei sollte die Brühe weiter kräftig gerührt werden, so dass sich das Ei fein faserig zerteilt. Die fertige Eierbrühe hat eine sämige Konsistenz und ein unvergleichlich würziges Aroma. Man serviert Braten und Brühe traditionell zu rohen Kartoffelklößen.

Rezept | Backhuhn mit Eierbrühe

Das Huhn oder Hähnchen waschen und säubern. Die Innereien auslösen (Herz, Leber und Magen können eventuell zerkleinert zusammen mit den Kräutern als Füllung verwendet werden). Die Haut gut mit Salz und Pfeffer einreiben und den Vogel in einen passenden Bräter setzen. In Butterschmalz anbraten und mit etwa 1 Liter Hühnerbrühe angießen. Den Braten in einen auf 200°C aufgeheizten Ofen geben. Man rechnet eine Backzeit pro 500 g von 20 Minuten + weiteren 20 Minuten. Ein etwas größeres Huhn benötigt also ca. 1 Stunde, um gar zu werden. Während des Backvorgangs wird der Braten immer wieder mit Flüssigkeit begossen.

Am Ende gießt man den Bratenfond ab, verquirlt zwei Eier mit 200 ml Milch und lässt diese unter ständigem Rühren in die Brühe einfließen. Das Ei gerinnt sofort und soll sich durch das Rühren fein faserig zerteilen. Eventuell mit Salz, Pfeffer und Petersilie würzen. Dann lässt man die Eierbrühe etwa 10 Minuten im Ofen stocken. Man serviert das Huhn mit Brühe zu grünen Klößen.

Nach einer anderen Rezeptur wird in die Eierbrühe zuletzt etwas Semmelmehl eingerührt, um sie schön sämig zu bekommen.

Zutaten

Ein gut gemästetes Huhn oder Hähnchen, Wasser oder (besser) Hühnerbrühe (Hühnerfond), Gewürze wie Salz und Pfeffer, evtl. Kräuter, 200 ml Milch, 2 – 3 Eier, Butterschmalz zum Anbraten, evtl. Semmelbrösel.

FICKENSCHERS BACK HAUS

Fickenschers Backhaus GmbH

Zeiten ändern sich, gutes Handwerk bleibt

Es ist die Liebe zum Beruf, die handwerkliche Fertigkeit und Kreativität, die in Fickenschers Backhaus seit 1625 von Generation zu Generation weitergegeben wird. Heute arbeiten hier 96 leidenschaftliche Genusshandwerker Hand in Hand, um die Kunden täglich mit handgemachten Spezialitäten in neun Fachgeschäften und dem Onlineshop für Brotliebhaber (www.brotverliebt.de) zu verwöhnen. Hauseigene überlieferte Rezepturen, die zum Teil schon seit elf Generationen weitergegeben werden, gewährleisten ursprünglichen Genuss wie zu Großvaters Zeiten. Hier wird mit ausgewählten, naturbelassenen Rohstoffen gearbeitet, auf althergebrachte, überlieferte Arbeitstechniken, wie selbst gezüchtete Natursauerteige, zurückgegriffen und den Teigen bis zu 48 Stunden Zeit zum Reifen gelassen, bevor sie zu Brot oder Gebäck nach einem selbst auferlegten Reinheitsgebot verarbeitet werden.

Kontakt

Luitpoldstraße 16, 95213 Münchberg
Tel.: 09251-8599820
Fax: 09251-8599829
Mail: info@fickenschers-backhaus.de

www.fickenschers-backhaus.de

Öffnungszeiten

Mo bis Fr	5.30 – 18.00 Uhr
Sa	5.30 – 13.00 Uhr
So	7.30 – 11.00 Uhr

Unser täglich
BROT

Frankenlaib

Feinkrumige Frische tagelang

Wer lässt sich nicht vom würzigen Duft eines frischen fränkischen Landbrotes mit deftig brauner oder auch fein bemehlter Kruste verführen. Einfach nur mit Butter bestrichen oder zu herzhaften Beilagen wie Wurst, Schinken und Käse aus der Genussregion Oberfranken serviert, schmeckt es unvergleichlich. Mit einem langsam ausgereiften Natursauerteig aus Roggen gebacken, entwickelt es ein wunderbar kräftiges Aroma. Angeboten wird es pur oder mit typischen fränkischen Brotgewürzen wie Kümmel, Koriander, Fenchel und Anis. Seine hervorragenden Geschmackseigenschaften, Schnittfestigkeit und feinkrumige Frische behält es auch noch nach mehreren Tagen.

Fränkisches Landbrot wird als „Kipf", also in länglicher, spitz zulaufender Form oder herkömmlich als runder Frankenlaib im Gewicht von 1 bis 4,5 kg angeboten. Charakteristisch sind der hohe Roggenmehlanteil (80% der Type 1150, 20% Weizenmehl der Type 1050), eine aromatische Gewürzmischung und die Verwendung eines hauseigenen, über drei Stufen geführten und damit voll ausgereiften Natursauerteigs.

Kurzinfo

Brot bewahrt man am besten bei Zimmertemperatur auf. Es sollte möglichst im geschlossenen Behälter (Brottopf, Emailledose, Holzkasten, Brotsack etc.) dunkel und nicht zu feucht aufgehoben werden. Brotbehälter sollten regelmäßig mit Essigwasser ausgewischt werden. Brot lässt sich übrigens auch gut einfrieren und bei Bedarf wieder auftauen.

TIPP: Ein frisches fränkisches Landbrot schmeckt mit guter Butter bestrichen einfach hervorragend!

Rezept | Fränkisches Landbrot

Grundlage für ein herzhaftes fränkisches Landbrot mit saftiger, schnittfester Krume und ausgeprägter Kruste ist ein sorgfältig über drei Stufen geführter Natursauerteig. Aus einem vorhandenen Vollsauerteig, dem sogenannten Anstellgut, das nach jeweils hauseigener Rezeptur aus Roggenmehl, Wasser und eventuell etwas Kümmel und Honig hergestellt wird, entsteht durch Zugabe von Wasser und Mehl ein Anfrischsauerteig. In diesem bilden sich bei genau einzuhaltenden Temperaturen (24 – 26°C) zunächst die Hefebakterien. Durch Zugabe von Mehl und Wasser wird der Anfrischsauer 5 bis 6 Stunden zum Grundsauerteig weiter geführt. In dieser Phase entwickeln sich bei Temperaturen zwischen 22 und 26°C Säuren und Aromastoffe, die für die individuelle Geschmacksentfaltung sowie für Bekömmlichkeit und Haltbarkeit des Brotes verantwortlich sind. Die Stehzeit eines Grundsauerteigs kann 8 bis 24 Stunden betragen.

Durch die weitere Zugabe von Mehl und Wasser entsteht schließlich der Vollsauerteig, der bei 28 – 32°C nach 3 bis 6 Stunden zum fertigen Brotteig ausreift. Er sollte großporig, warm und weich sein. In dieser Phase werden dem Teig nochmals Mehl und Wasser sowie die Gewürze zugeführt. Man formt daraus die Brotlaibe, lässt diese nochmals gehen und schießt sie in den auf etwa 280°C vorgeheizten Ofen (fallend auf 200 – 180°C). Man backt die Brotlaibe bei höherer Anfangstemperatur mit abfallender Hitze. Je nach Größe beträgt die Backdauer etwa 1 bis 2 Stunden.

Zutaten

Mehl (80% Roggenmehl Type 1150 und 20% Weizenmehl Type 1050) aus fränkischer Landwirtschaft, Salz, Natursauerteig, sowie nach Geschmack eine Würzmischung aus Kümmel, Koriander, Fenchel und Anis.

Jackstädt GmbH & Co. KG
Siebenstern Senf

Ein Stern am Fichtelgebirgshimmel

Schon 1927 hatte Max Jackstädt die Vision eines Lebensmittelhandels in Hof an der Saale. Vor allem Südfrüchte prägten damals das Geschäft. Doch nach und nach kristallisierten sich neue Schwerpunkte heraus: Senf, Meerrettich und Gemüsekonserven. Deren Produktionsstandort wanderte in den 1950er Jahren nach Oberkotzau an den heutigen Firmensitz.

Heute steht hier Ingo Merbach in der vierten Generation in der Verantwortung und wacht über sein kleines Reich mit dem schönen Namen „Siebenstern". Der ist übrigens eine seltene und geschützte Pflanze, noch dazu die Symbolpflanze des Fichtelgebirges.

Kontakt

Porschnitzweg 2, 95145 Oberkotzau
Tel.: 09286-95200
Fax: 09286-952040
Mail: verkauf@siebenstern.de

www.siebenstern.de

Öffnungszeiten

Mo bis Do	7.15 – 12.00 Uhr
und	13.00 – 16.00 Uhr
Fr	7.15 – 12.00 Uhr

Bartholds Bauernhofmetzgerei

Einkaufen auf dem Bauernhof

Seit knapp 30 Jahren gibt es die Bauernhofmetzgerei in Fletschenreuth. Im dortigen Hofladen verkaufen die Bartholds ihre Wurst- und Fleischwaren, herzhaftes Geräuchertes und zahlreiche weitere Hausmacherspezialitäten. Über 50 hausgemachte Wurstsorten gibt es jedes Wochenende frisch zu kaufen – viele davon auch im umweltfreundlichen Pfandglas. Geschlachtet werden dafür Rinder, Schweine und Puten vom eigenen Bauernhof. Das Tierwohl steht bei Bartholds an erster Stelle – die Ochsen haben Weidezugang, die Schweine leben in großen Gruppen auf einem dicken Strohbett und die Puten im Freien. Artgerechte Haltung, Futter von den eigenen Feldern und kurze Schlachtwege – nur so kann eine gleichbleibend hohe Fleischqualität garantiert werden. Im Hofladen gibt es aber noch viel mehr: zahlreiche hausgemachte Fertiggerichte im Glas, aber auch Eier, Mehl, Nudeln, Freilandgeflügel, saisonales Gemüse und viele weitere Produkte befreundeter Direktvermarkter aus ganz Franken.

Kontakt

Fletschenreuth 4
95126 Schwarzenbach/Saale
Tel.: 09284-6445
Fax: 09284-800881
Mail: wernerbarthold@web.de
www.barthold-hofladen.de

Öffnungszeiten

Fr	8.00 – 18.00 Uhr
Sa	8.00 – 12.00 Uhr

Metzgerei Groß

Metzgerei Dieter Groß

Kleine Wurst ganz Groß

Das sympathische Ehepaar Diana und Dieter Groß steht für an die 100 verschiedene feine Fleisch- und Wurstsorten, die es in dem liebevoll eingerichteten Laden in Schwarzenbach zu erstehen gibt. Dazu gehört Traditionelles, aber auch Innovatives, wie die Schinken- und Salamivariationen von Dieter, die schon eine große Fangemeinde gefunden haben. Im Geschäft kommen die Schwarzenbacher zusammen und erzählen sich die jeweiligen Neuigkeiten aus dem Ort. Oft bleiben sie dann auch noch auf ein Mittagessen aus der Heißtheke. Für den Abend kann man dann auch viele Glaskonserven mit nach Hause nehmen.

TIPP: Täglich werden fränkische Brotzeitschmankerl aus der Heißtheke angeboten!

Ihre Spezialitäten-Manufaktur

Was Sie in der Ladentheke sehen, stammt fast durchwegs aus eigener Schlachtung. Prämierte Schinken und Salamisorten verdanken ihren einzigartigen Geschmack der hauseigenen traditionellen Räucherkammer. Ständig bleibt die Familienmanufaktur am Puls der Zeit, lässt sich inspirieren und arbeitet an neuen Ideen mit so viel Geduld und Handwerkskunst, bis das Ergebnis wirklich zufriedenstellend ist. Erst dann kommt das Produkt in die Ladentheke, in die Heißtheke oder in die beliebten Metzgerkonserven, die Sie in großer Vielfalt mit nach Hause nehmen können. Tradition, die Ihre Erfahrung aus drei Generationen von Metzgermeistern bezieht, begeistert die Kunden der Metzgerei Dieter Groß. Testen Sie, was es zu erschmecken gibt. Familie Groß freut sich auf Sie!

Kontakt

Hauptstraße 68
95131 Schwarzenbach/Wald
Tel.: 09289-320
Fax: 09289-963220
Mail:post@metzger-gross.de
www.metzgerei-gross.de

Öffnungszeiten

Mo, Di und Do	7.30 – 13.00 Uhr
und	14.00 – 18.00 Uhr
Mi	7.30 – 13.00 Uhr
Fr	7.30 – 18.00 Uhr
Sa	6.30 – 12.00 Uhr

Hofer Leberpresssack

Weiß oder rot – frisch auf's Brot

Der Hofer Presssack ist ein typisches Produkt der ehemals zahlreichen Hausmetzger im Hofer Land. Diese verarbeiteten die gut gemästeten Schweine der Bauern zu schmackhaften Wurstprodukten. Aus den ansonsten nicht zu verwendenden Kopffleisch- und Schwartenanteilen wurde mit einer individuell leicht unterschiedlichen Würzrezeptur der schmackhafte Hauspresssack hergestellt. Den Namen erhielt dieses typisch fränkische Produkt daher, dass man die Würste zwischen Holzbretter einspannte, um die Füllung gleichmäßig verteilt zu erhalten. Hofer Presssack wird auch heute noch nach überlieferten Rezepturen „rot" mit Schweineblut oder „weiß" ohne Blut hergestellt.

Er ist ein traditionelles Erzeugnis der überlieferten Landmetzgerei. In der Region Hof gab es strukturell bedingt meistens nur kleinere Landwirte, die nicht allzu viele Schweine hielten. Die wenigen Schweine, die am Hof gemästet wurden, bekam meistens der örtliche Metzger. Eines davon wurde fast immer noch etwas länger gemästet, um es später selbst zu schlachten und zu verwursten.

Kurzinfo

Presssack sollte kühl, also am besten im Kühlschrank gelagert werden. In Pergament oder Klarsichtfolie eingewickelt und in einer Lebensmittelbox aufbewahrt hält er auch angeschnitten unbedenklich 5-6 Tage. Bitte keine Alufolie verwenden, da diese oxydiert und den Geschmack der Wurst beeinträchtigt!

TIPP! Hofer Presssack wird gerne auf einem guten Landbrot mit Gurke und einem mittelscharfen Senf gegessen.

Durch die vielen Hausmetzger, die schon immer einen gewissen Konkurrenzkampf verspürten, wurden die auf dem Land hergestellten Wurstwaren in der Qualität immer besser. Einige Landmetzger ließen sich auch in der Stadt Hof selber nieder und boten ihre guten Produkte an. So kam es, dass die Hausmacher Wurstwaren in Stadt und Land Hof so verbreitet sind und einen besonders guten Ruf haben.

Man unterscheidet Hausmacher Presssack, der mit Kochsalz hergestellt wird, Leberpresssack, der meist eine ungerötete Einlage hat, und roten Presssack, der mit Blut hergestellt wird.

Rezept | Presssack „mit Musik"

Presssack lässt sich nach typisch fränkischer Art auch „mit Musik" anrichten. Dazu schneidet man feine Scheiben und garniert sie auf einem Teller mit einem mild abgewürzten Sud aus Essig, Öl und Zwiebelscheiben. Presssack mit Musik wird gerne an warmen Sommerabenden gegessen.

Zutaten

- Presssack, in feine Scheiben geschnitten
- Sud aus Essig, Öl und Zwiebelscheiben

LANDMETZGEREI
Strobel
DER STROHSCHWEIN-METZGER

Landmetzgerei Strobel – Der Strohschweinmetzger

Artgerechte Haltung für beste Qualität

Am Rande des Frankenwaldes, nahe der Grenze zu Thüringen und Sachsen liegt die kleine Stadt Selbitz mit ihrem Ortsteil Dörnthal. Die dort ansässige Landmetzgerei Strobel ist ein Vorreiter in Sachen Tierwohl und Regionalität. Die 2015 zusammen mit einem Veterinär und mehreren Landwirten gegründete „Initiative Strohschwein" wurde zu einer Initialzündung für ganz Bayern, und mittlerweile ist die Diskussion in der breiten Gesellschaft angekommen. Als Mitglied in der „Weidewelt Frankenwald" wird auch beim Rind auf die artgerechte Tierhaltung geachtet. Gegenüber der Landmetzgerei grasen übrigens die eigenen Rinder der Rasse „Gelbvieh" in Mutterkuhhaltung. Wenn Sie die nahezu zu 100% selbst hergestellten Wurst- und Fleischwaren erwerben möchten, berät das nette Fachpersonal Sie sehr gerne.

TIPP: Die Hausmacher Spezialitäten!

Der hauseigene Partyservice

Nebenan liegt die große Eventhalle, in der regelmäßig Veranstaltungen – von Messen über Konzerte bis zu Ü30-Partys – stattfinden, die aber auch privat gebucht werden kann. Dazu wird gerne auch das eigens gebraute „Strohbier" ausgeschenkt. Aktuelle Termine entnehmen Sie einfach der Website der Metzgerei (www.eventmetzger.de). Die feinen Wurstwaren können Sie auch in Dose oder Glas mit nach Hause nehmen. Der Metzgermeister, Dipl.-Fleischsommelier und Gewürzsommelier Rüdiger Strobel, ist auch als Genussbotschafter für die Genussregion Oberfranken aktiv.
Infos: www.metzgerei-strobel.de, www.eventmetzger.de, www.stroh-macht-froh.de und www.facebook.com/Landmetzgerei.Strobel bzw. www.facebook.com/strohschweine.

Kontakt

Dörnthal 71, 95152 Selbitz
Tel.: 09280-5383
Fax: 09280-5397
Mail: post@metzgerei-strobel.de

www.metzgerei-strobel.de

Öffnungszeiten

Mo bis Fr	7.00 – 18.00 Uhr
Sa	7.00 – 12.30 Uhr

FORELLENRÄUCHEREI
Matthias Puchtler

Forellenräucherei Puchtler

Innovativer Genuss

Matthias Puchtler steht für feinste Spezialitäten aus der Räucherkammer, allen voran natürlich Fisch – aber auch geräucherten Käse. In der Regel am Mittwoch wirft der Oberfranke sein Dampfstübchen an, und dann können die Kunden sich ihre Lieblingsstückchen sogar direkt aussuchen. Im März 2003 gelang ihm mit dem „etwas anderen Fischbrötchen" sogar eine echte Innovation. Der Fisch ist dabei roh im Brötchen eingebacken und entwickelt beim Garen ein ganz besonders feines Aroma. Diese Erfindung und viele andere Köstlichkeiten kann man sich per Catering-Service des Hauses sogar für die nächste Familienfeier ins eigene Wohnzimmer holen. Ein besonderer Tipp aus der Forellenräucherei Puchtler ist der stets frisch hausgemachte und leckere Forellensalat.

Kontakt
Friedmannsdorf 45
95239 Zell im Fichtelgebirge
Tel.: 09257-7128
Mobil: 0171-9915509
Mail: m.puchtler@t-online.de
www.forellen-puchtler.de

Öffnungszeiten
Bestellungen und Abholtermine bitte vorab telefonisch vereinbaren

Der Weg zur
Gesundheit
führt durch die
Küche nicht durch
die Apotheke.

Weitere Anbieter im Landkreis Hof

Konditorei-Café Reichl

Peuntstraße 5
95138 Bad Steben
Tel.: 09288-420
Fax: 09288-925895
Mail: post@cafe-reichl.de

www.cafe-reichl.de

Konditorei und Bäckerei Hader

Kulmbacher Straße 41
95030 Hof
Tel.: 09281-67116
Fax: 09281-63455
Mail: buero@hader.biz

www.hader.biz

Metzgerei Herpich GmbH

Leopoldstraße 1
95030 Hof
Tel.: 09281-66012
Fax: 09281-61339
Mail: metzgerei@herpich.de

www.herpich.de

Bio-Bäckerei Popp

Friedrich-Ebert-Straße 79
95213 Münchberg
Tel.: 09251-43174
Fax: 09251-813519
Mail: mail@bio-baeckerei-popp.de

www.bio-baeckerei-popp.de

Mangalitza-Hof Fendt

Poppenreuth 10
95213 Münchberg
Tel.: 0176-83869271
Mail: wollschweinhof@gmx.de

www.mangalitza-fleisch.de

Weitere Anbieter im Landkreis Hof

Bäckerei Graf GmbH

Hallerstein 17
95126 Schwarzenbach/Saale
Tel.: 09284-1442

Förstenreuther Bauernlädla

Förstenreuth 18
95236 Stammbach
Tel.: 09256-1598
Fax: 09256-953343
Mail: gaestehaus@fichtelgebirgsblick.de

www.fichtelgebirgsblick.de

Bäckerei Schultz GmbH

Schleizer Straße 31
95183 Töpen
Tel.: 09295-363
Fax: 09295-621
Mail: baeckerei.schultz@web.de

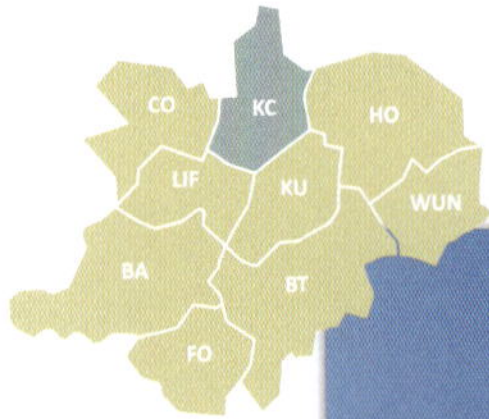

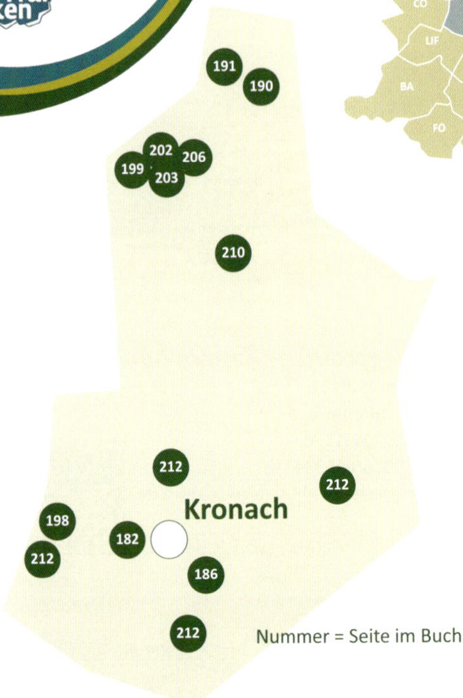

Mit Festung, Floß und Frankenwald

Die zweite Außenstelle der Bamberger Fürstbischöfe ist schon von weitem durch ihre mächtige Festung unverkennbar. In der Tat schaffte es keine der immer wiederkehrenden Belagerungsarmeen, die Stadt einzunehmen. Ein guter Grund dafür, dass die Einwohner des Genussortes immer stolz auf ihre Herkunft sind. Noch innerhalb der Stadtmauern bietet sich dem Genießer eine bunte Vielfalt an traditionellen Handwerksbetrieben, die nach historischen Rezepturen fast vergessene Gaumenschmeichler in ihre Schaufenster zaubern. Aber auch das Umland hat viel zu bieten, vor allem Wild aus dem riesigen Frankenwald und Fisch aus den glasklaren Bächen und Seen dieser einzigartigen Landschaft. Als weitere Genussorte locken Kleintettau und Wallenfels sowie der fränkische Teil der Rennsteigregion.

Anbieterportraits Kronach Stadt & Land

Spezialitäten, Rezepte und Genusstour

Metzgerei Kraus

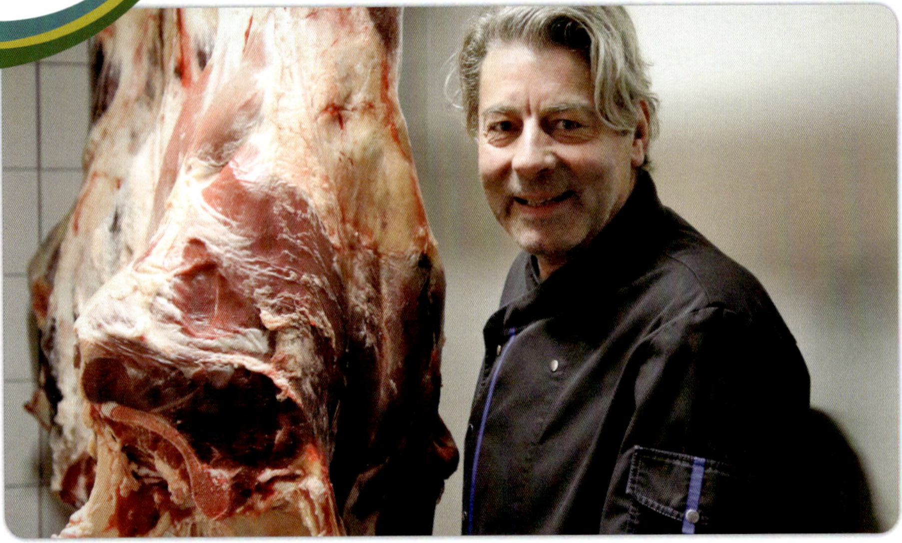

Unternehmenstradition mit Qualität seit 1887

Gegründet wurde die Metzgerei Kraus von Nikolaus Kraus in Tettau. Seit 1977 ist das Familienunternehmen in Kronach sesshaft und wird in vierter Generation geführt. Eberhard Kraus pflegt das Traditionshandwerk mit höchsten Ansprüchen an Qualität. Das spiegelt sich in traditionellen Rezepturen wieder, wie zum Beispiel der Knoblauchwurst, die noch heute unverändert nach dem Originalrezept hergestellt wird. Der Metzgermeister setzt heute noch eigene innovative Rezepte um, wie die ausgezeichneten „Kronacher Bierwürmer“ oder die erfolgreiche „Chili-Salami“.

INFO

TIPP: Es gibt hier unter anderem auch Wurst- und Schinkensorten, die nur aus Rindfleisch hergestellt werden!

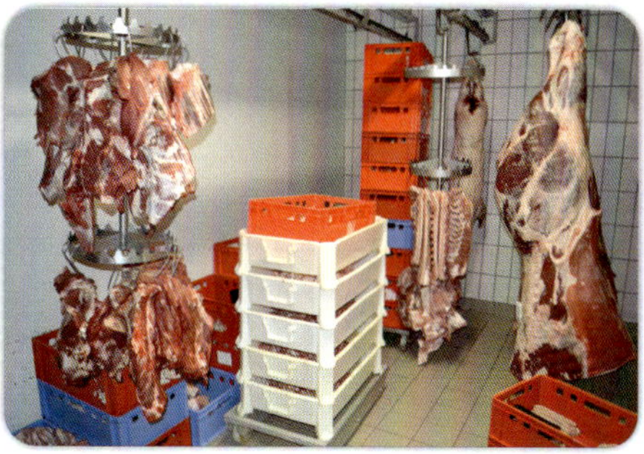

Mehr als nur Wurst und Fleisch

Das Fleisch für die feinen Spezialitäten der Metzgerei Kraus stammt von lokalen Landwirtschaften. Viele dieser Kleinbauern sind im Verein „Weidewelt Frankenwald" organisiert. Eberhard Kraus ist der persönliche und langjährige Kontakt zu seinen Bauern wichtig, genauso wie die artgerechte Haltung der Tiere. Nach diesen Prinzipien wählt er seine Züchter und Zulieferer aus und ermöglicht dadurch den Tieren einen möglichst stressfreien Umgang. „Du bist, was Du isst!" – das wusste schon der deutsche Philosoph L. Feuerbach. Die sorgfältige Fleischauswahl bedeutet für die Kunden einen Mehrwert an Lebensqualität. Der zertifizierte Fleischsommelier Eberhard Kraus empfiehlt einen achtsamen Fleischkonsum: „Lieber öfters auf Fleisch verzichten, dafür dann aber Qualität kaufen!"

Kontakt

Strauer Straße 3, 96317 Kronach

Tel.: 09261-61636

Fax: 09261-61638

Mail: metzgerei-kraus@gmx.de

www.metzgereikraus.de

Öffnungszeiten

Strauer Straße und Kreuzberg:

Mo bis Fr	8.00 – 18.00 Uhr
Sa	8.00 – 12.00 Uhr

Blaue Zipfel

Süß-saure Wurstraffinesse

Blaue oder saure Zipfel sind ein original oberfränkisches Gericht. Gegessen werden sie vor allem in den Sommermonaten oder an warmen Herbsttagen auf den Bierkellern oder zu einem frischen Häckerwein. Im Ursprung geht die fränkische Leidenschaft, Gerichte „blau", das heißt süß-sauer, einzukochen, auf alte Zeiten zurück. In ihrer kulinarischen Raffinesse sind diese in feinem Sud gekochten Bratwürste jedoch absolut zeitgemäß: zart im Biss, würzig und frisch im Geschmack und etwas weniger kalorienreich als in der gebratenen Variante.

Die Franken haben eine besondere Neigung zur „blauen" Küche. Diese hat ihren Ursprung in früheren Zeiten, als man sich aufgrund der eingeschränkten Kühltechnik um besondere Konservierungsverfahren für verschiedene Frischeprodukte bemühen musste. Herausgekommen ist dabei eine kulinarische Variation der gebrühten Bratwurst, die es in punkto Geschmack in sich hat. Man bereitet sie in einem fein gewürzten Wurzelsud zu und lässt sie darin gut durchziehen.

Kurzinfo

Blaue Zipfel sind ein typisches Bierkelleressen. An warmen Sommertagen schmecken sie besonders gut zu einem frischen fränkischen Kellerbier. Aber auch zu einem würzigen Schoppen sind sie ein Hochgenuss. Der Blausud ist eine leichte Form der Konservierung. Übrig gebliebene blaue Zipfel nimmt man zur längeren Aufbewahrung aus dem Sud. Sie halten sich 2 bis 3 Tage im Kühlschrank. Danach wiederum gut erwärmen.

TIPP: Als Würzbeilage reicht man etwas Meerrettich im Sud abgelöscht oder frisch mit Sahne angerichtet!

Serviert werden die Blauen Zipfel mit Sud, Zwiebeln und Möhrenscheiben zu Brot oder Breze.

Blaue Zipfel sind ein typisches Gericht für warme Sommerabende oder milde Herbsttage. Angeboten werden sie in den meisten oberfränkischen Gaststätten aber auch ganzjährig als leichte Zwischenmahlzeit oder zur Brotzeit. Übrigens behaupten die Bamberger, dass sich ihre mittelgroben Bratwürste am besten als „Blaue Zipfel" zubereiten lassen.

Rezept | Blaue Zipfel

Man bereitet zunächst den sauren Wurzelsud zu. Dazu kocht man das Gemüse, nimmt die ausgekochten Gemüsestücke heraus und schmeckt alles süß-sauer ab. Die Franken lieben einen gut süß betonten Blausud. Mit reichlich Pfeffer ergibt dies eine interessante Geschmacksnote. Wer mag, kann aber auch eher „essigscharf" würzen. Dem Sud gibt man nochmals Zwiebeln und ein paar Scheiben Möhren zu.

Nun lässt man zunächst die frischen Bratwürste eine Zeit lang im Sud ziehen. Oder man gibt sie sofort in den warmen Sud und lässt sie köcheln bis sie gut heiß sind. Dann serviert man sie in einem tiefen Teller mit reichlich Sud, Zwiebelringen und Möhrenscheiben. Dazu reicht man geriebenen Meerrettich (im Sud abgelöscht oder frisch mit Sahne angerichtet) sowie Brot oder Brezen.

Zutaten

4 – 6 Paar frische fränkische Bratwürste, Wurzelsud aus 1 l Wasser, 2 Möhren, 2 Zwiebeln, 1 Stück Sellerie, 1 Stange Lauch, 1 - 2 Lorbeerblätter, 2 – 3 Gewürznelken, 5 Pimentkörner, 5 Wacholderbeeren, 2 - 3 Essl. Zucker, 1 Teel. Salz, Pfeffer, 1 Tasse Weißwein, 2 Essl. Weißweinessig, Meerrettich

Bäckerei A., U. und C. Möckel

Wenn der Genuss am Herzen liegt ...

Das sympathische und liebenswerte Möckel-Team kann auf eine lange Tradition zurückblicken. Zur 1936 gegründeten Bäckerei mit Kolonialwaren- und Kohlenhandlung kamen später ein gut sortierter Dorfladen und seit 2012 auch eine Filiale am Kreuzbergmarkt in Kronach dazu. Heute sind die beiden Kinder der vierten Generation im Familienbetrieb tätig. Die feine Palette von Backwaren reicht von den ganzjährig beliebten Schokobananen und Nussecken über saisonale Highlights wie Osterbrot und Seelenspitzen bis zu den in der Weihnachtszeit begehrten Stollen und Plätzla. Die beliebtesten Klassiker bleiben die in reinem Butterfett gebackenen ausgezogenen Krapfen und die traditionellen Blöcher. Was die Möckels ausmacht, sind die mit Liebe ausgewählten hochwertigen und natürlichen Zutaten, teilweise noch nach Uroma Schreppels Geheimrezept. Der Genuss ihrer Kunden liegt den Möckels am Herzen – und das schmeckt man auch.

Kontakt

Wirtsgasse 3
96317 Kronach-Fischbach
Tel.: 09261-3756
Fax: 09261-530421
Mail: Baeckerei@moeckel-fischbach.de
www.moeckel-fischbach.de

Öffnungszeiten

Mo und Di	7.30 – 12.00 Uhr
Mi bis Fr	7.30 – 12.00 Uhr
und	14.00 – 18.00 Uhr
Sa	7.00 – 12.00 Uhr

Bäckerei Möckel
Lebensmittel

Ausgezogene Krapfen

Ursprüngliches Festtagsgebäck

Krapfen, Küchla oder Kiegla werden in Oberfranken nicht nur in großer Zahl, sondern vor allem in vielen Variationen gebacken. Neben den runden Krapfen mit Hiffenmarkfüllung gehören die „Ausgezogenen" zu den bekanntesten und beliebtesten Vertretern ihrer Art. Aber auch hier begnügen sich die Oberfranken nicht mit einer einheitlichen Form. So variiert der Gesamtdurchmesser, die Dicke des Randes oder die Größe des Fensters – und schließlich kann man auch darüber streiten, ob der Krapfen von oben oder von unten, am Rand oder in der Mitte gezuckert wird. Keine Frage also – der ausgezogene Krapfen ist ein echtes Spiegelbild Oberfrankens!

Ausgezogene Krapfen sind in ganz Oberfranken ein ursprüngliches und typisches Festtagsgebäck. Zur Kirchweih (Kerwa) oder zu familiären Festanlässen wie Kommunion, Konfirmation, Hochzeit und Taufe werden sie auch heute noch häufig von erfahrenen Krapfen-Bäckerinnen in großer Zahl gebacken. Nach altem Brauch werden nämlich zu diesen Anlässen Verwandtschaft und Nachbarschaft mit goldgelb ausgebackenen Krapfen beschenkt. So ist schon im frühen Mittelalter ein „Craphon" genanntes, mit kostbarem weißem Mehl gebackenes Siedegebäck überliefert, das zu besonderen kirchlichen Festtagen gebacken wurde.

Kurzinfo

Krapfen sind ein sehr altes Kultgebäck, das möglicherweise aus den Klosterküchen stammt. Sie lassen sich bereits im Mittelalter zu verschiedenen kirchlichen Festen sowie im Fasching nachweisen. Frisch gebackene, gezuckerte Krapfen sollten am besten am selben Tag verzehrt werden. Ungezuckert können sie etwas länger aufbewahrt oder auch problemlos eingefroren werden.

TIPP: Ungezuckerte Krapfen können auch hervorragend als Suppenbeilage verzehrt werden!

Rezept | Ausgezogene Krapfen

Das Mehl in eine Schüssel sieben, die Hefe in lauwarmer Milch auflösen und darüber geben, 1 Teel. Zucker dazu geben und alles gut verrühren. Den Vorteig eine Zeit lang warm stellen und gehen lassen.

Die restlichen Zutaten untermischen und alles gut durchkneten. Der Teig sollte eine geschmeidige, nicht zu feste Konsistenz haben.

Man sticht etwa tennisballgroße Stücke ab, formt sie zu Kugeln und lässt sie unter einem Küchentuch wiederum eine Zeit lang gehen. Nach etwa 30 Minuten lässt sich der Teig – ähnlich wie ein Strudelteig – ausziehen. Man zieht ihn zunächst über den Handrücken, so dass ringsum ein wulstiger Rand entsteht.

Mit beiden Händen bearbeitet man Rand und Fenster solange, bis die Mitte hauchdünn ist und der Rand nicht zu breit.

In einem breiten Topf oder einer stilechten Krapfenpfanne wird Butterschmalz erhitzt. Die Menge sollte so gewählt werden, dass das Fett mindestens 10 cm hoch im Topf steht. Die ausgeformten Krapfen gibt man sofort in das heiße Fett, übergießt sie mehrmals und wendet sie einmal um.

Dann nimmt man sie mit einem Schaumlöffel heraus und lässt sie gut abtropfen. Wenn größere Mengen an Krapfen gebacken werden sollen, arbeiten am besten wenigstens zwei Personen zusammen.

Zutaten

Für ausgezogene Krapfen gibt es kein einheitliches Rezept. Nachfolgend eine Version, die regional in der Menge der Butter oder der Eier abweichen kann: 1 kg Mehl, 75 g Zucker, 200 g Butter, 3 Eier, 2 Würfel frische Hefe, etwas Salz, 1/2 l lauwarme Milch, reichlich Butterschmalz zum Ausbacken und Puderzucker zum Bestreuen.

Confiserie Burg Lauenstein GmbH

Lauenstein Confiserie – die Genuss-Manufaktur

Hier werden Genießer mit dem Sinn für das Außergewöhnliche verwöhnt. Entdecken Sie das genussvolle Geheimnis, das in der historischen Fischbachsmühle am Fuße der Burg Lauenstein gut gehütet wird. Handgefertigte Trüffel-, Pralinen- und Schokoladenspezialitäten von höchster Qualität entstehen hier nach alten Rezepturen – Tag für Tag und mit viel Liebe. Cremiger Nougat, frische Sahne, knackige Mandeln, erlesene Gewürze und zartschmelzende Schokolade – ein Ergebnis, das den Namen LAUENSTEINER® zu Recht tragen darf. Ein Gütesiegel für Feinschmecker und Süßmäuler auf der ganzen Welt.

Erleben Sie die längste Pralinentheke Oberfrankens, das Lauensteiner Café und die Gläserne Manufaktur. Gestalten Sie Ihre eigenen Lieblingspralinen und Pasteten und machen Sie Ihren Besuch zu einem unvergesslichen Ereignis.

Kontakt

Lauensteiner Straße 41
96337 Ludwigsstadt
Tel.: 09263-9450
Fax: 09263-94545
Mail: info@lauensteiner.de
www.lauensteiner.de

Öffnungszeiten

Mo bis Fr	9.00 – 18.00 Uhr
Sa	10.00 – 17.00 Uhr
So und Feiertage	12.30 – 18.00 Uhr

Aktuelle ÖZ der Gläsernen Manufaktur: siehe Website

Frankenwald-Confiserie und Café Bauer

HANDGESCHÖPFT – EINZIGARTIG – KÖSTLICH

Genauso einzigartig wie der Frankenwald sind die handgeschöpften Pralinen aus der Frankenwald-Confiserie Andreas Bauer. Jede Praline ist ein Genuss, und für jeden Geschmack wird eine Vielzahl von einzigartigen Pralinenspezialitäten und Schokoladenkreationen geboten. Neben der seit vier Generationen geführten Confiserie ist das Café Bauer für seine Windbeutel über die Landkreisgrenzen hinaus bekannt. Ein besonderes Highlight ist der „Weiße Frau"-Windbeutel, der einen Zusammenhang zur ortsansässigen Burg herstellt. Dieser Windbeutel ist gefüllt mit Apfelmus, Eierlikör, Sahne und Vanilleeis. Ein pures Geschmackserlebnis. Auch an die Kleinsten ist gedacht – ein süßer Überraschungswindbeutel lässt Kinderaugen strahlen. Die Frankenwald-Confiserie ist einen Besuch wert – für Groß und Klein. Auch die Filialen in Hof und Lichtenfels lassen das Pralinenherz höher schlagen. Kommen Sie vorbei!

Kontakt

Andreas Bauer & Silvia Schramm
Orlamünder Straße 39
96337 Ludwigsstadt-Lauenstein
Tel.: 09263-215 | Fax: 09263-684
Mail: info@c-bauer.de
www.c-bauer.de

Öffnungszeiten

Confiserie:

Mo	**9.00 – 14.00 Uhr**
Di bis Fr	**9.00 – 17.00 Uhr**
Sa und So	**13.00 – 18.00 Uhr**

Café: Öffnungszeiten saisonal, siehe Website

Elisenlebkuchen

Hochwertig per Gesetz

Feine Lebkuchen werden in der Advents- und Weihnachtszeit in vielen oberfränkischen Bäckereien sowie von einigen spezialisierten Manufakturen angeboten. Ihre lange Tradition hat letztlich einen Ursprung in den alten Klosterbäckereien, wo Honig- und Gewürzbrote nach überlieferten Rezepturen schon seit dem 11. und 12. Jahrhundert als Heilmittel sowie zur Stärkung bei Krankheiten und in der Fastenzeit gebacken wurden. In der christlichen Symbolik spielen Gewürze, Honig, Mandeln und Nüsse zudem eine wichtige Rolle. Sie belegen damit, dass viele traditionelle Lebensmittel aus einem überlieferten Brauchtum abzuleiten sind und uns heute noch spannende Geschichten erzählen können.

Bereits im 13. und 14. Jahrhundert bildete sich das Gewerbe der Lebzelter heraus, das aber zunächst zur Bäckerzunft gehörte. Erst nach dem Nürnberger Lebkuchenkrieg von 1643 konnten sie sich, wie etwa in Coburg, auch in anderen fränkischen Städten als eigenständige Zunft etablieren.

Heute gelten Lebkuchen als ein traditionelles Weihnachtsgebäck. In ländlichen Gebieten ist als Datum für das Ansetzen eines Lebkuchenteigs der 30. November, also der Andreastag, überliefert.

Kurzinfo

Lebkuchen werden in Franken seit dem Mittelalter gebacken. Unter der Bezeichnung Elisenlebkuchen sind sie seit etwa 1720 bekannt. Elisenlebkuchen haben aufgrund ihrer guten Zutaten eine lange Lagerfähigkeit. Man bewahrt sie am besten in fest verschlossenen Behältern auf, damit sie saftig bleiben.

TIPP: Elisenlebkuchen isst man stilecht zum Kaffee, aber auch zu Glühwein, Punsch oder einem kräftigen Rotwein!

Da man als Triebmittel für den Lebkuchenteig Pottasche oder Hirschhornsalz verwendet, was ihn locker und elastisch macht, aber nicht in die Höhe treibt, ist es vorteilhaft, ihn vor der Verarbeitung eine Zeit lang ruhen zu lassen. Hirschhornsalz verleiht dem Rohteig einen etwas eigenartigen Geschmack, seine Säure verhindert aber die Bildung von Bakterien, sodass die Lebkuchen lang haltbar werden. Viele Bäcker ersetzen Hirschhornsalz heute durch Natron. Bei einem höheren Anteil an Nüssen, Mandeln und Eiern und geringeren Zugaben von Mehl im Teig kann auch auf weitere Triebmittel verzichtet werden.

Lebkuchen können zwischen 10 und 50% Mehl enthalten. Unter der Qualitätsbezeichnung „Elisenlebkuchen“ werden sie traditionell ohne Mehl bzw. nur mit einem geringen Gehalt von max. 10% Getreidemahlerzeugnissen hergestellt. Man erhält sie „weiß” mit Zuckerglasur, „schwarz” mit Schokoladenüberzug oder einfach „natur”, manchmal auch mit Mandeln verziert, angeboten. Zu einem gemütlichen Kaffeetisch in der Advents- und Weihnachtszeit gehören die köstlichen Elisenlebkuchen unbedingt dazu.

In Deutschland gibt es gesetzliche Mindestanforderungen an die Qualität und Beschaffenheit von Lebkuchen mit der Verkehrsbezeichnung „Elisenlebkuchen“.

Kurzinfo

Elisenlebkuchen müssen mindestens 25% Mandeln und/oder andere Nüsse enthalten. Die Masse darf maximal 10% Getreidemahlerzeugnisse oder 7,5% Stärke enthalten. Darüber hinaus sind Elisenlebkuchen laut LMBG „feine Backwaren” und dürfen unter anderem nur mit hochwertiger Kuvertüre und nicht mit minderwertigerer, kakaohaltiger Fettglasur hergestellt werden.

Auf der Rodachtalbahn – Eine Genusstour im Landkreis Kronach

Unser besonderer Erlebnistipp führt ins Obere Rodachtal. Fahren Sie doch einmal mit der Rodachtalbahn zwischen den Bahnhöfen Steinwiesen, Mauthaus, Dürrenwaid und Nordhalben und erleben Sie einen unvergesslichen Tag bei guter alter Bahnromantik im schönen Rodachtal. Als Rodachtalbahn wird die ehemalige Nebenstrecke von Kronach nach Nordhalben bezeichnet. Im Jahr 1900 eröffnet, war sie im Personenverkehr planmäßig bis 1976 in Betrieb, der Güterverkehr wurde 1994 eingestellt.

Nach der Stilllegung wurde die ehemalige Trasse zwischen Kronach und Steinwiesen in einen Radweg umgewandelt. Auf der verbliebenen Teilstrecke zwischen Steinwiesen und dem Endbahnhof Nordhalben betreibt der Verein „Eisenbahnfreunde Rodachtalbahn e. V." seit dem 15. September 2007 auf elf Kilometern eine Museumsbahn. Stolz ist man auf die zweiteilige historische Schienenbusgarnitur, bestehend aus dem Motorwagen VT 798 731-6 und dem Steuerwagen VS 998 744-7.

Genusstour Startpunkt: Bahnhof, Nordhalben

An Sonn- und Feiertagen pendelt die Bahn zwischen dem 1. Mai und Ende Oktober viermal von Nordhalben nach Steinwiesen hin und zurück und bietet Platz für ca. 100 Fahrgäste. Kinderwagen und Fahrräder werden im Rahmen der Platzkapazitäten in den Zügen kostenlos mitgenommen. Sonderfahrten finden zu Ostern und Nikolaus sowie auf Bestellung zu besonderen Anlässen statt.

Die alte Bahnstrecke fügt sich harmonisch in die herrliche Mittelgebirgslandschaft des Rodachtals ein. Immer wieder kreuzt die Bahnlinie das Flüsschen Rodach und die parallel verlaufende Staatsstraße. Die Sicherung der Bahnübergänge durch extra geschulte Streckenposten stellt eine weitere betriebliche Besonderheit dar und belegt zudem das vorbildliche Engagement der Eisenbahnfreunde Rodachtalbahn für ihren Museumszug.

Auf der Rodachtalbahn – Eine Genusstour im Landkreis Kronach

Am südlichen Endpunkt der Strecke liegt Steinwiesen, eines der touristischen Zentren des Rodachtals. Hier sollten Sie unbedingt auch der historischen Teichmühle einen Besuch abstatten, die ebenfalls von Mai bis Oktober jeden Sonntag von Mitgliedern des „Mühlenvereins Rodachtal e. V." in Betrieb genommen wird. 1507 erstmals erwähnt, ist die faszinierende Anlage heute eine der letzten, noch betriebsfähigen Schneid- und Sägemühlen im Frankenwald, die den einstmals so wichtigen Erwerbszweig der Sägemüller in der Region dokumentiert.

Unterwegs hält der Zug in Mauthaus, direkt an Bayerns größtem Trinkwasserspeicher, der Ködeltalsperre, gelegen. Hier bietet ein ca. 11 km langer, asphaltierter Rundweg ideale Voraussetzungen für Radfahrer, Inlineskater und Wanderer. Ein weiterer Unterwegshalt ist Dürrenwaid, dessen liebevoll restauriertes Bahnhofsgebäude sich in Vereinsbesitz befindet. Dürrenwaid bietet sich als Ausgangspunkt für Wanderungen und Spaziergänge in die umliegenden Täler und Wälder

Genusstour Startpunkt: Bahnhof, Nordhalben

an. Der nördliche Endbahnhof Nordhalben selbst liegt ca. 100 Höhenmeter tiefer als der dazugehörige Marktflecken. Bei Bedarf wird ein Zubringerbus in den Ort organisiert, wo das „Klöppelmuseum" seine Pforten öffnet. Das denkmalgeschützte Bahnhofsensemble mit Empfangsgebäude, Güterhalle und Lokschuppen strahlt eine heute kaum anderswo zu erlebende Lokalbahnromantik aus. Als Betriebsmittelpunkt ist hier auch das gastronomische Angebot des Vereins zu finden.

Im urigen, beheizbaren Bahnhofsspeisewagen wird an allen Betriebstagen Kaffee und Kuchen angeboten, kleine warme Speisen und Getränke aller Art zu zivilen Preisen runden das Angebot ab. Bei schönem Wetter ist der Biergarten direkt am Bahnhofsvorplatz geöffnet. Die Mitglieder informieren über Geschichte und Aktuelles zur Rodachtalbahn und bieten auch kleine Souvenirs, wie Bierkrüge, Zuglaufschilder, Postkarten und das Buch zur Museumsbahn an. Außerdem gibt es hier weitere Wandervorschläge für Ihren Ausflug entlang der Strecke.

Wanderkarte & mehr Infos:

FERIENHÄUSER
ZUR SCHÄFEREI

Schäfer-Stub´n Häusles

Bei Rehlein, Geflügel und Schafen

Bei Familie Hofmann dürfen die Gäste in eine eigene Welt eintauchen. Die Straße endet und die Natur beginnt. Vor einem zauberhaften Thüringer und Frankenwald-Panorama weiden die Schaf- und die Damwild-Herde, links daneben tummeln sich die Hühner und dazu zwitschern die Vögel in den großen Bäumen. Das alles kann man entweder als Pensionsgast in einem der urigen Ferienhäuschen oder von der Panoramaterrasse und dem Wintergarten des Gasthauses aus bewundern. Die guten Erzeugnisse der Landwirtschaft landen dann natürlich auf den Tellern der Besucher.

Besonders beliebt bei Wanderern!

Kontakt
Häusles 3, 96268 Mitwitz
Tel.: 09266-7923061
Mail: info@ferienhaeuser-zur-schaeferei.de
www.ferienhaeuser-zur-schaeferei.de

Öffnungszeiten

Do und Fr	ab 17 Uhr
Sa	ab 14 Uhr
Jeden 2. So im Monat	ab 11 Uhr

Bäckerei Hubert Ruß

WG mit Metzgerei

Das Haus der Bäckerei Ruß beherbergte früher die Metzgerei Kraus, deren Inhaber 1977 mit ihrem Betrieb nach Kronach umzogen. Bäckermeister Hubert Ruß eröffnete mit seiner Ehefrau Antje Kraus 1996 einen Kombiladen aus Bäckerei und Metzgerei. Hier wird viel Wert auf traditionelle Handwerkskunst und Regionalität gelegt. So wurde die Bäckerei schon zweimal von der Zeitschrift „Der Feinschmecker" ausgezeichnet und gehört zu den besten in Deutschland – als eine der wenigen in Oberfranken.

In der Weihnachtszeit geht es einen Stock tiefer. Dort liegt nämlich der uralte Felsenkeller, wo die Stollen zwei Wochen reifen, um bei optimaler Temperatur und Luftfeuchtigkeit den besten Geschmack zu entwickeln, bevor sie in den Verkauf kommen, um dort das beste Aroma zu entwickeln. Dazu passen dann auch die verschiedenen Gourmet-Lebkuchen des Hauses.

Kontakt

Hauptstraße 16, 96355 Tettau
Tel.: 09269-9696
Fax: 09269-9698
Mail: info@baeckerei-russ.de

www.baeckerei-russ.de

Öffnungszeiten

Mo, Di und Do	6.00 – 12.30 Uhr
und	14.30 – 18.00 Uhr
Mi	6.00 – 12.30 Uhr
Fr	6 00 – 18.00 Uhr
Sa	6.00 – 12.00 Uhr

Stollen nach fränkischer Art

Rezept direkt vom Papst

Der Weihnachtsstollen oder auch die Stolle stellt wohl das älteste bekannte deutsche Weihnachtsgebäck überhaupt dar. Schon 1329 wurde ein erster Stollen nach sicherer Überlieferung in Naumburg für den amtierenden Bischof Heinrich als vorweihnachtliche Gabe gebacken. Damals waren die nur aus Wasser, Haferschrot und Rübenöl gekneteten Stollen recht magere Fastengebäcke, denn der Advent wurde noch bis 1917 als strenge Fastenzeit in Vorbereitung auf das Weihnachtsfest begangen. 1491 gestattete jedoch Papst Innozenz VIII. in seinem berühmten Butterbrief an Kurfürst Ernst von Sachsen, den Stollenteig mit Butter anzureichern. So kann man mit Fug und Recht sagen, dass ein Papst an der Entstehung der heute bekannten Rezeptur für den Christstollen mitgewirkt hat.

In seiner bis heute unveränderten Form gehört der mit weißem Zucker überzogene Stollen zu den Gebildbroten und soll das in Windeln gewickelte Christkind in der Krippe darstellen. Auch die verwendeten Zutaten und Gewürze stellen einen Bezug zum weihnachtlichen Brauchtum her. So enthalten zum Beispiel Mandeln und Nüsse in harter Schale einen süßen Kern, der wie das Wort Gottes, im Verborgenen wächst. Früchte und exotische Gewürze erinnern darüber hinaus an die kostbaren Gaben der Heiligen Könige aus dem Morgenland.

Kurzinfo

Ein erster Weihnachtsstollen wurde 1329 in Naumburg gebacken. Das erste Aufkommen in Oberfranken ist nicht belegt. Ein guter Weihnachtsstollen wird mit etwas Lagerzeit immer besser. Man bewahrt ihn am besten in Klarsicht- oder Alufolie verpackt an einem kühlen und trockenen Ort auf. Auch nach dem ersten Anschnitt lässt er sich auf diese Art noch längere Zeit lagern.

TIPP: In der Weihnachtszeit ist ein Stück Stollen ein unbedingtes Muss zum Frühstück oder Nachmittagskaffee!

Viele oberfränkische Bäckereien backen ihren Weihnachtsstollen heute noch nach überliefertem Hausrezept. Dabei versteht sich, dass Butter oder Butterschmalz als Grundlage neben ausgesuchten Früchten, Nüssen und Mandeln verwendet wird. Der oberfränkische Stollen ist von feiner, schnittfester Konsistenz und guter Bekömmlichkeit. Gegessen wird er klassisch an der Kaffeetafel oder auch zum weihnachtlichen Frühstück mit Butter und Marmelade.

Rezept | Weihnachtsstollen

Einen Hefeteig zubereiten und 20 Minuten ruhen lassen, restliche Zutaten unterkneten und nochmals 30 Minuten ruhen lassen. Zwei Stollen formen, auf ein gefettetes Backblech legen und nochmals 15 bis 20 Minuten gehen lassen. Bei 200°C 60 bis 80 Minuten backen. Butter auslassen und die heißen Stollen damit besteichen. Mit Zucker oder Vanillezucker bestreuen und auskühlen lassen.

Vor dem Anschneiden dick mit Puderzucker bestäuben.

Anstelle des Bittermandelaromas kann man auch echte Bittermandeln verwenden. Es genügt eine fein gehackte Bittermandel. Vorsicht: Ihre Inhaltsstoffe sind leicht toxisch!

Stollen wurden früher circa 2 bis 4 Wochen vor dem 1. Advent gebacken und dann bis zum 1. Advent kühl gelagert. Wer den Stollen erst zu Weihnachten anschneiden will, backt ihn nach altem Brauch um den 30. November.

Zutaten

1,5 kg Mehl, 150 g frische Hefe, 3 Päckchen Trockenhefe, 1/4 l lauwarme Milch, 100 g Schweineschmalz (ausgelassen, abgekühlt), 120 g Zucker, 2 Eier, Mark einer Vanilleschote, 1/2 Teel. Salz, etwas Bittermandelaroma, etwas Zitronenschale, 500 g Butter, 350 g Rosinen (über Nacht in Rum eingeweicht), 300 g gehackte Mandeln, 100 g gehacktes Zitronat, 50 g gehacktes Orangeat. Für die Glasur: 150 g Butter, 150 g Puderzucker.

Bäckerei Löffler

Bäckerei-Lebensmittel Carsten Löffler

Wo Moderne und Tradition sich verbinden

Die alteingesessene Bäckerei wurde 1949 von Elly und Walter Löffler gegründet. Sie und ein Tante-Emma-Laden sind heute Anlaufpunkt in der Gemeinde. 1996 übernahm Sohn Gerhard die Bäckerei und brachte sie auf den neuesten Stand. 2020 gab er wiederum den Betrieb an seinen Sohn Carsten weiter, der mit einem neuen Konzept die jetzigen Herausforderungen annimmt. Viele der Backwaren werden noch immer nach den Rezepturen aus der Anfangszeit gebacken. Hochwertige Rohstoffe sorgen für eine genussvolle Qualität. So werden in der Bäckerei Tradition und Moderne vereint.

Neben dem Laden in der Glasmeister-Heinz-Straße 3 in Kleintettau sind die Backwaren auch noch in der Verkaufsstelle in der „Diska" in Tettau erhältlich (Mo bis Fr 7 bis 18 Uhr, Sa 7 bis 16 Uhr, Tel.: 0151-65965534).

Kontakt
Glasmeister-Heinz-Straße 3
96355 Tettau-Kleintettau
Tel.: 09269-9543
Fax: 09269-9544
Mail: baeckerei-loeffler@t-online.de
www.baeckerei-loeffler.de

Öffnungszeiten

Mo bis Fr	5.30 – 12.30 Uhr
und	14.00 – 18.00 Uhr
Sa	5.30 – 12.00 Uhr

Glascafé

Glascafé

Mit Mittagstisch & Wintergarten

Das gemütliche Glascafé befindet sich im Herzen von Kleintettau, in unmittelbarer Nähe zur Glashütte und dem am Wochenende geöffneten Europäischen Flakonglasmuseum. Im sonnigen Wintergarten können Sie sich mit vielen süßen oder herzhaften Köstlichkeiten verwöhnen lassen.

Das Glascafé-Team legt viel Wert auf gute Qualität und frische Produkte von heimischen Erzeugern (zum Beispiel der Hochlandrinderzucht). Die kleine, aber feine Speisekarte enthält abwechslungsreiche, täglich frisch zubereitete warme und kalte Gerichte. Ob Fitmenü, Hausmannskost oder ein köstliches Stück Kuchen mit einem heißen Espresso: hier wird Genuss groß geschrieben!

Kontakt

Glashüttenplatz 1-7
96355 Tettau-Kleintettau
Tel.: 09269-77104
Mail: glascafe@heinz-glas.com

www.glascafe-kleintettau.de

Öffnungszeiten

Mo bis Fr	11.00 – 17.00 Uhr
Sa	10.00 – 16.00 Uhr

Schnitz

Nach Lust und Laune

Schnitz, eine Art fränkischer Minestrone, gehört zu den Lieblingsgerichten vieler Oberfranken, insbesondere in den Regionen Bayreuth, Hof, Fichtelgebirge und Frankenwald. Wie der Name schon sagt, kommt nur „Geschnittenes" in den Topf, nämlich Gemüse der Saison – wie Kartoffeln, Möhren, Kohlrabi, Sellerie, Lauch – die in Wasser, Gemüse- oder Fleischbrühe gekocht werden. Wer eine Fleischeinlage wünscht, kann ein Stück „Schöpsen", also Hammelfleisch, Huhn oder auch etwas Suppenfleisch vom Rind mitkochen.

Schnitz ist in vielfältigen und kreativen Abwandlungen ein beliebtes Alltagsessen vor allem der sommerlichen und herbstlichen Erntezeit, wenn frisches Gemüse im Garten zur Verfügung steht. Aber auch in den kalten Monaten – der klassischen Eintopfzeit – lassen sich die lagerfähigen Wurzelgemüse zum Schnitz zusammen-

Kurzinfo

Gemüsesuppen sind besonders gut im Sommer oder im Frühherbst, wenn der Garten frische Zutaten in Hülle und Fülle anbietet. Eintöpfe lassen sich meistens sehr gut aufbewahren und gegebenenfalls auch einfrieren. Für Schwammaschnitz (Pilzsuppe) gelten besondere Regeln bei der Aufbewahrung.

TIPP: Wie eine Minestrone kann man die fränkische Variante der feinen Gemüsesuppe auch einmal kalt (geeist) probieren!

stellen. In viele Regionen – vor allem des nördlichen Oberfrankens – sind typische Kombinationen überliefert, aber eigentlich ist zum Schnitz (fast) alles erlaubt, was frisch ist und sich klein schneiden lässt. Als Variante wird in der Pilzsaison ein köstlicher Schwammaschnitz sowie ganzjährig der Kartoffelschnitz angeboten. Hierzu isst man gerne einen Franzkung, also ein knuspriges Kartoffelplätzchen aus frisch geriebenen Kartoffeln.

Rezept | Schnitz-Suppe

Die Knochen in kaltem Wasser aufsetzen und eine halbe Stunde kochen lassen, dann abseihen, das Fleisch einlegen und sieden lassen bis es gar ist. Das Fleisch herausnehmen und das geputzte und in Scheiben, Würfel oder Schnitze geschnittene Gemüse hineingeben und kochen lassen bis es weich, aber noch bissfest ist. Das Fleisch 1/4 Stunde vor dem Servieren wieder dazu geben.

Zutaten

6 große Kartoffeln, 4 große Möhren, 1 Stück Sellerie, 2 - 3 Stangen Lauch, 1 - 2 Kohlrabi, 1 Handvoll Brechbohnen, Kümmel, Petersilienwurzel, 1 Bund Petersilie, 1 Lorbeerblatt, Liebstöckel und Majoran. Nach Belieben: 2 Pfund Rinderknochen, 2 Pfund Suppenfleisch (Hammel oder Rind).

Kochen und Kultur Kerstin Rentsch

Mit Leib und Seele

Traditionen erhalten – Rezepte bewahren – Brauchtum pflegen! Unter diesem Motto steht die Arbeit von Kerstin Rentsch, die als Kochbuchautorin, Dozentin von Koch- und Backkursen und als ausgebildete Genussbotschafterin tätig ist. Sie ist zertifiziertes Mitglied der „Genussregion Oberfranken" und betreibt als Direktvermarkterin einen kleinen Hofladen, in dem sie ihre hausgemachten Spezialitäten verkauft (bitte telefonisch anmelden). Man findet Kerstin Rentsch aber auch häufig auf regionalen Märkten und überregionalen Messen, wo sie oberfränkische Gaumenfreuden vorstellt. Dort wirbt sie nicht nur um Besucher für Oberfranken, sondern auch für ihren Heimatort Kleintettau. Dieser wurde zu einem von 100 Genussorten Bayerns gekürt. Die Kleintettauerin verarbeitet regionale saisonale Zutaten nach traditionellen Rezepten – wie schon Generationen vor ihr – zu köstlichen Spezialitäten, die ihresgleichen suchen.

TIPP: Kulinarische Stadtführungen mit anschließendem Drei- oder Vier-Gänge-Menü in Kronach!

© www.bayern.by – Tobias Gerber

Wertschätzung von Fauna und Flora

Die Wertschätzung der Natur und der Tiere, deren Fleisch sie verarbeitet, liegen ihr dabei besonders am Herzen. Nachhaltigkeit wird bei ihr groß geschrieben.

Für ihre Gäste und Kunden bietet Kerstin Rentsch:
– Koch- und Backkurse – das Zubereiten von saisonalen Spezialitäten unter freiem Himmel – Genusswanderungen – Genussort-Führungen in Kleintettau und Kronach – Picknick im Wald – Vorträge und Koch-Vorführungen – Genussfeste im eigenen Garten – Verkauf und Vorführungen auf Märkten und Messen – Kulinarische Stadtführungen mit anschließendem Drei- oder Vier-Gänge-Menü in Kronach.

Kontakt
Kuhwald 1, 96355 Tettau-Kleintettau
Tel.: 09269-943249
Mail: rentsch.kerstin@yahoo.de

www.kochen-kultur-kerstin-rentsch.de

Öffnungszeiten
Termine für Kochkurse und Seminare siehe Website

Kürbis aus fränkischem Anbau

Multitalent in Formenvielfalt

Kürbisse gehören zu den ältesten Kulturpflanzen der Erde, die in warmen Gebieten schon in prähistorischer Zeit angebaut und verwendet wurden. Hobbygärtner wetteifern zur herbstlichen Erntezeit gerne um den größten Kürbis. Und nicht erst seit „Halloween" ist es auch in unseren Breiten ein „Event" der Jugendkultur geworden – es gehört zum herbstlichen Brauchtum, Kürbislaternen oder Kürbisgesichter zu schneiden und mit Kerzen zu erleuchten. Baute man früher vorwiegend große Gartenkürbisse mit hellgelbem Fruchtfleisch an, das zu Suppen verarbeitet oder süß-sauer eingekocht wurde, schätzt man heute auch in der regionalen Spitzengastronomie vor allem die japanische Sorte Hokkaido. Aber auch Muskatkürbis und Flaschenkürbisse werden von Gourmets hoch geschätzt.

Angebaut werden Kürbisse alter und neuer Sorten in vielen oberfränkischen Gartenbaubetrieben. Ein großer Teil der regionalen Handelsware stammt aus der Gemeinde Altendorf bei Bamberg.

Kurzinfo

Ganze, unbeschädigte Kürbisse sind einige Wochen kühl und trocken lagerfähig. Angeschnitten sollten sie rasch verarbeitet werden. Man kann Kürbisfleisch auch ganz einfach roh, in Tüten oder Gefrierboxen verpackt, einfrieren. Ebenso lässt sich Suppe oder blanchiertes Kürbisgemüse einfrieren. Wer es lieber traditionell mag, kann Suppe, Chutneys und Relishs problemlos einkochen.

TIPP: Auch Kürbiskernöl – das auch in Franken produziert wird – ist ein wahrer Küchenschlager.

In der Kürbissaison ab August werden die großen Früchte von vielen oberfränkischen Gärtnern in Hofläden oder auf Wochenmärkten angeboten. Bei einigen Direktvermarktern bekommt man tafelfertig zubereitete Suppen, Chutneys oder Marmeladen in Gläser eingekocht. Neben der Gemeinde Altendorf bei Bamberg hat sich vor allem Muggendorf in der fränkischen Schweiz den Ruf eines Kürbisdorfs erworben. Hier werden Speise- und Zierkürbisse der unterschiedlichen Sorten feldmäßig angebaut und regional vermarktet. Ein besonderes Ereignis ist das in beiden Gemeinden regelmäßig am ersten Oktobersonntag veranstaltete Kürbisfest, das in abwechslungsreichen Programmfolgen auch viele kulinarische Köstlichkeiten rund um den Kürbis präsentiert.

Rezept | Kürbissuppe

Das Kürbisfleisch würfeln, die Kerne entfernen. Die gehackten Zwiebeln in Öl leicht andünsten und das Kürbisfleisch dazugeben. Mit der Brühe aufgießen, Knoblauch, Salz und Pfeffer hinzufügen und alles etwa 20 Minuten köcheln lassen. Anschließend die Suppe pürieren. Zum Würzen eignen sich fein geriebener, frischer Ingwer und Kokosraspel, eventuell fein geschnittener und leicht angerösteter Speck, ein Schuss feiner Essig oder Weißwein. Mit Sauerrahm abschmecken und mit frischen Kräutern bestreuen.

Zutaten

Für vier Personen: ca. 800 g Kürbisfleisch (z.B. Hokkaido oder Muskat), 1 Zwiebel, 1 – 2 Knoblauchzehen, Olivenöl, Salz, Pfeffer, etwas frischer Ingwer, Curry, 1/2 l Gemüsebrühe, evtl. Kokosraspel oder etwas Schinkenspeck. Nach Geschmack etwas Essig oder Wein sowie Sauerrahm und frische Kräuter.

Teuschnitz DIE ARNIKASTADT

Arnikaverein Teuschnitz e.V.

© by Feldrapp

Teuschnitz – Die Arnikastadt im Frankenwald

Das Highlight der kleinen Stadt ist die wunderschöne Natur. Auf vielen Wiesen im Landschaftsschutzgebiet Teuschnitz-Aue gedeihen die geschützte Heilpflanze Arnika und über 50 weitere Heilkräuter. Diese lassen sich auf dem neu angelegten Naturweg Teuschnitz-Aue entdecken.

Zusätzlich laden viele gut markierte Wege zu einem Naturerlebnis der besonderen Art ein. Im Winter sind auf Langlaufloipen besondere Touren möglich. Der Kräuterlehr- und Schaugarten an der Arnika-Akademie gilt als Musterbeispiel des „New German Style“ und ist in der Region bisher einmalig. Nicht nur die Komposition von Farben, Materialien und Pflanzen, sondern auch die standortgerechte Auswahl pflegeleichter Sträucher, Stauden und Gräser steht hier im Vordergrund.

© by Schwittai

© by Feldrapp

TIPP: IHK-zertifizierte Weiterbildung & Einzelveranstaltungen in der ARNIKA-AKADEMIE!

Regionalität mit vielen Facetten

Die Arnika-Akademie hat sich die Vermittlung von Naturwissen als Ziel gesetzt. Dies geschieht zum Beispiel in der IHK-zertifizierten Weiterbildung zum/zur TEH-Praktiker/in, aber auch in vielen Einzelveranstaltungen. Direkt im Gebäude der Arnika-Akademie befindet sich die Naturmanufaktur. Das Sortiment erstreckt sich über handgefertigte Kräuterprodukte aus dem Kräuterlehr- und Schaugarten sowie verschiedene Angebote von regionalen Partnern. Der Abenteuerspielplatz unterhalb der Arnika-Akademie ist ein Treffpunkt für alle Generationen. Das Spielparadies mit vielen kreativen Spielgeräten, Wasserspiel, kleinem Weiher, Bewegungsgeräten für die Erwachsenen und sogar einem modernen Kneipp-Becken ist nicht nur für Kinder ein reizvoller Ort für Spiel, Spaß, Bewegung und Erholung.

Kontakt

Schulstraße 5
96358 Teuschnitz
Tel.: 09268-97224
Mail: info@arnikastadt.de

www.teuschnitz.de

Öffnungszeiten

Naturmanufaktur
am Kräutergarten:
Do und Fr 14.00 – 18.00 Uhr
Sa 10.00 – 16.00 Uhr
Kräutergarten:
Apr bis Nov 8.00 – 20.00 Uhr

Weitere Anbieter im Landkreis Kronach

Müller Backhaus GmbH
Am Plan 12
96318 Kronach-Friesen
Tel.: 09265-914040
Fax: 09265-9140420
Mail: info@muellersbackhaus.de

www.muellersbackhaus.de

Hotel-Gasthof Wasserschloß K. Bär & C. Bethke OHG
Ludwig-Freiherr-von-Würzburg-Str. 14
96268 Mitwitz
Tel.: 09266-9670
Fax: 09266-8751
Mail: kontakt@hotel-wasserschloss.de
www.hotel-wasserschloss.de

Waldhotel Bächlein
Bächlein 10
96268 Mitwitz
Tel.: 09266-9600
Fax: 09266-96060
Mail: info@waldhotel-baechlein.de

www.waldhotel-baechlein.de

Gasthof Roseneck
Schützenstraße 46
96346 Wallenfels
Tel.: 09262-7260
Fax: 09262-515
Mail: info@gasthof-roseneck.de

www.gasthof-roseneck.de

Fam. Schubert UG & Co.KG
Eichenbühl 2
96369 Weißenbrunn
Tel.: 09264-9716
Fax: 09264-9717
Mail: info@eichenbuehler.de

www.eichenbuehler.de

PHIL VALEN
EPISC BAMB

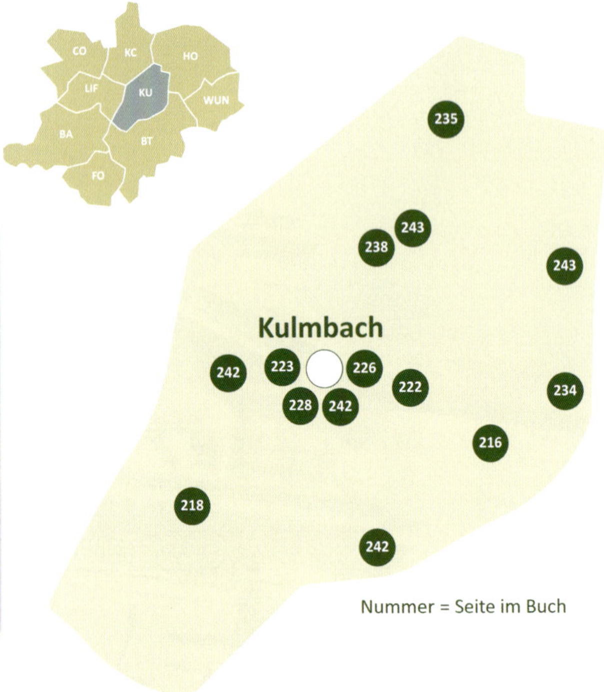

Museumsmekka und Biermetropole

Kulmbach ist heute vor allem für sein Bier bekannt, das vor etwas mehr als 150 Jahren zum ersten oberfränkischen Exportschlager wurde. Kulmbacher untergäriges Bier ging um die Welt und prägte einen eigenen Bierstil. Das feiern die Einwohner dieses Genussortes jedes Jahr bei der „Kulmbacher Bierwoche", zu der über 100.000 Besucher in die Stadt strömen und sich viele Tausend Hektoliter durch die Kehlen rinnen lassen. Mit dem Mönchshof ist hier außerdem eine in Franken einmalige Museumslandschaft entstanden, in der Sie sich umfangreich zu fast allen Genussthemen informieren und schulen lassen können. Im Umfeld lockt der Genussort Neudrossenfeld, in dem Sie unter anderem echte historische Tanz- und Gerichtslinden bestaunen können.

Anbieterportraits Kulmbach Stadt & Land

Spezialitäten, Rezepte und Genusstour

Lanzendorfer Backparadies GmbH

Das neuentstandene Backparadies

Als Michael Kauer 2004 das Lanzendorfer Backparadies übernahm, war viel zu tun. Er schaffte es allerdings nicht nur, den zwölf Mitarbeitern in zwei Filialen Arbeit zu geben, sondern konnte auch noch einen Expansionskurs fahren. Mittlerweile arbeiten über 94 Mitarbeiter in 13 Filialen – und nach einer neuen Bäckerei (2010) wurde 2020 auch noch eine Backstube mit 550 qm Fläche angebaut. Ein Teil seines Erfolgsgeheimnisses sind sicherlich die vielen Feste, auf denen das Backparadies vertreten ist und seine Spezialitäten zur Schau und zum Probieren stellt. Selbst auf der Frankenfarm in Himmelkron stolpert man über die großen runden Bauernkuchen und den Bratwurststollen aus Lanzendorf. Aber auch die Bauernküchle sind weit über die Region hinaus bekannt.

Kontakt
Auweg 2, 95502 Himmelkron
Tel.: 09273-7031
Fax: 09273-501865
Mail: info@lanzendorfer-backparadies.de
www.lanzendorfer-backparadies.de

Öffnungszeiten

Mo und Sa	6.00 – 12.00 Uhr
Di bis Fr	6.00 – 18.00 Uhr

LANZENDORFER BACKPARADIES
Lanzendorfer Backparadies

Brötchen
Angebot der Woche
Brotspezialitäten
Herzlich Willkom

Kasendorfer Frischeier

Herzlich Willkommen in Kolb‘s Hofladen

Die Kolbs haben 1964 mit der Hühnerhaltung begonnen und vermarkten ihre Eier seitdem unter dem Namen „Kasendorfer Frischeier“. Während dieser Zeit hat sich sehr viel getan: Der Geflügelhof konnte kontinuierlich expandieren und damit auch das Angebot an frischen Qualitätsprodukten ausweiten. „Kasendorfer Frischeier“ ist weit über die Grenzen des Ortes hinaus ein bekannter Begriff, der für Qualität bürgt. Somit ergibt sich ein geschlossener Kreislauf, der bei der Aufzucht der eigenen Junghennen beginnt. Auf den eigenen Feldern werden die Zutaten für das Futter teilweise für die Tiere selbst angebaut.

Das Schmuckstück ist der wunderschöne Hofladen neben der Kirche in Kasendorf. Im Laden gibt es natürlich noch mehr als Eier. Im Sortiment finden sie Nudeln, Eierlikör, Fleisch, Wurst, Fertiggerichte im Glas, Säfte, Dekoartikel und vieles mehr.

Kontakt

Heubsch 99, 95359 Kasendorf
Tel.: 09228-9666
Fax: 09228-9668
Mail: kasendorfer_frischeier@t-online.de
www.kasendorfer-frischeier.de

Öffnungszeiten

Kolb´s Hofladen
(Kirchstraße 2, Tel.: 09228-971027)

Do	12.00 – 18.00 Uhr
Fr	8.30 – 18.00 Uhr
Sa	8.30 – 12.00 Uhr

Kasendorfer
Frischeier
WILLKOMMEN

Kochkäse

Schmelzkäseköstlichkeit

Oberfranken hat eigentlich nur wenige typische Käseerzeugnisse hervorgebracht. Unbedingt dazu gehört jedoch der Kochkäse, der auch heute noch von einigen Direktvermarktern oder aber von versierten Hausfrauen selbst hergestellt wird.

Kochkäse ist ein mit einfachen Mitteln herzustellender feinwürziger Schmelzkäse. Dazu mischt man einen gut abgetropften Magerquark mit einem Esslöffel Natron und erwärmt die Masse vorsichtig unter ständigem Rühren bis maximal 40°C – sie darf auf keinen Fall kochen. Sobald der Quark flüssig und glasig wird, nimmt man ihn vom Herd und rührt Butter, Ei, Salz und Kümmel unter. Dann gibt man den Käse in eine nicht zu hohe Schüssel und lässt ihn erkalten.

Kochkäse schmeckt zum fränkischen Landbrot. Wer mag, richtet ihn mit frischen Kräutern oder auch nach landestypischer Art „mit Musik", also mit einer Marinade aus Essig, Öl, etwas Zucker und Salz, Pfeffer und Zwiebeln an.

Kurzinfo

Für Kinder, die sehr an Convenience-Produkte gewöhnt sind, ist Kochkäse etwas gewöhnungsbedürftig. Einmal probiert, ist sein ehrlicher Geschmack aber durchaus überzeugend. Für den jugendlichen Gaumen schmeckt der Kochkäse besser, wenn man einen nicht allzu reifen Quark verwendet und ihn mit einem Löffel Butter verfeinert.

TIPP: Kochkäse bewahrt man am besten kühl auf, dadurch ist er längere Zeit haltbar!

Kochkäse war früher eine beliebte Verwendungsform für einen schon etwas reiferen Quark. Wer ihn selber herstellen möchte, sollte sich nach einem „echten" Schichtkäse oder einem guten Quark aus der bäuerlichen Direktvermarktung umsehen. Je älter der Quark, desto schärfer und pikanter wird der Geschmack des Kochkäses.

Rezept | Kochkäse

Den Quark gut abtropfen lassen, mit dem Natron in einem Topf sehr langsam unter ständigem Rühren erwärmen (bis max. 40°C), aber nicht kochen lassen. Sobald der Quark glasig wird, vom Herd nehmen. Salz, Butter, Kümmel und Ei unterrühren. In eine nicht allzu hohe Schüssel füllen und abkühlen lassen.

Zutaten

- 500 g Magerquark
- 1 gestrichener Essl. Natron
- Salz, Kümmel
- 2 – 3 Essl. Butter
- 1 Ei(gelb)

Biohof Maierhof

Regionales Urlaubsparadies

Familie Sack bietet ihren Gästen auf dem herrlich ruhig gelegenen Biohof in Einzellage vier Ferienwohnungen an, in denen Entspannung und Entschleunigung pur garantiert sind. Auf Bestellung gibt es die frische Biomilch und Joghurt zum Frühstück – direkt aus der Bioland-zertifizierten Landwirtschaft mit 90 Kühen, die mit Bio-Gras und Bio-Heu gefüttert werden. Rund um den NaturAktivHof spannt sich ein abwechslungsreiches Netz von Wander- und Radwegen mit Gelegenheiten zum Kneippen und mit Winter-Alternativen bei Schnee und Eis. Die schöne Plassenburg ist nur drei Kilometer Fußweg entfernt. Kurzum: Hier kann man das ganze Jahr über Urlaub machen und Kulinarik wie Landschaft in vollen Zügen genießen!

Kontakt
Maierhof 1, 95361 Ködnitz
Tel.: 09221-5157
Fax: 09221-5147
Mail: maierhof1@web.de

www.maierhof.tv

Öffnungszeiten
Reservierungen auf Anfrage

Esther Confiserie

Biertrüffel aus Kulmbach

Seit 1989 steht die Esther Confiserie für Familie, Tradition und Qualität, für Liebe zum Detail, echte Handarbeit in Perfektion und Lust am Genuss. Von Thomas Pelz und Familie gegründet und von seinem Sohn Peter-Alexander Pelz übernommen, ist die Esther Confiserie Ihr Experte für guten Schokoladengeschmack. Verarbeitet werden ausschließlich hochwertige Produkte zu raffinierten Kreationen, um jedem einzelnen Kunden – damals wie heute – einen feinen Gaumenschmaus bereiten zu können. Sind Sie ein Liebhaber hochwertiger Schokolade, ein süßer Gourmet, der für sich oder andere besondere Spezialitäten sucht? Dann sind Sie bei uns genau richtig! In Grafendobrach nahe der oberfränkischen Bierstadt Kulmbach fertigen wir süße Köstlichkeiten liebevoll von Hand und verkaufen diese ab Werk, in ausgewählten Ladengeschäften oder online.

Kontakt

Grafendobrach 5; 95326 Kulmbach
Tel.: 09223-742
Mail: info@esther-pralinen.de

www.esther-pralinen.de

Öffnungszeiten

Mo, Di, Do, Fr	9.00 – 17.00 Uhr
Mi	9.00 – 13.30 Uhr

Ziebelaskäs

Auf jeder guten Brotzeitkarte zu finden

Ziebelaskäs ist ein beliebtes und altüberliefertes Gericht zur Brotzeit, vorzugsweise auf dem sommerlichen Bierkeller. Da die Kellerwirte hier traditionell „Hausgemachtes", also Wurst aus eigener Schlachterei oder eben Verarbeitungsprodukte aus Milch anbieten, gehört auch der mit Zwiebeln, Salz und Pfeffer „angemachte" weiße Käse oder Quark zur typischen Produktpalette der Kellergerichte.

Für den originellen Namen dieses Traditionsgerichtes gibt es verschiedene Deutungen. Am wahrscheinlichsten finden wir die Ableitung aus mundartlichen Umschreibungen für „Zwiebel", wie Zwiefel, Zwiefala oder Ziebala bzw. Ziebalas in der Mehrzahl.

Weißer Käse oder Quark entsteht, wenn entrahmte Rohmilch durch Sauermilchbakterien „dick gelegt" wird und stockt. Die gestockte Milch gibt man in ein feines Tuch und hängt sie einen halben Tag über eine Schüssel, damit die Molke abläuft.

Kurzinfo

Leider hat die Europäische Union für die Verwendung von Rohmilch inzwischen reglementierende Bestimmungen erlassen, so dass der ursprünglich typische Ziebelaskäs aus selbst gemachtem Rohmilchquark heute nicht mehr zu haben ist. Stattdessen beziehen die oberfränkischen Gastronomiebetriebe heute nahezu ausschließlich handelsüblichen Speisequark.

TIPP: Besonders lecker mit reichlich frischen Zwiebeln, Pfeffer und Salz zu deftigem Landbrot und frisch gezapftem Bier!

Danach nimmt man den frischen Käsebruch heraus, lockert ihn mit einer Gabel auf und richtet ihn servierfähig an. Typischerweise ist dieser hausgemachte Quark in seiner Konsistenz etwas körnig und bröckelt leicht. Man kann ihn anschließend nochmals durch feine Siebe streichen und mit Sahne aufwerten. Bei industrieller Fertigung wird die Molke durch Zentrifugieren von der Quarkmasse getrennt.

Rezept | Ziebelaskäs

Wer den ursprünglich körnigen Charakter des hausgemachten Käses imitieren will, mischt Quark und Hüttenkäse, schneidet reichlich Zwiebeln daran und würzt gut mit Pfeffer und Salz.

Wer zum privaten Verbrauch Rohmilch beziehen kann, lässt diese mit etwas Buttermilch stocken und gibt die Stockmilch in ein Tuch, bis die Molke abgeflossen ist. Dann fährt man wie oben beschrieben fort.

Zutaten

- Quark
- evtl. Hüttenkäse oder Schichtkäse
- frisch geschnittene Zwiebeln
- Pfeffer
- Salz

Metzgerei Kleinheinz

Großer Familienbetrieb

Bei Familie Kleinheinz packen alle mit an, wenn es um die Versorgung von Filialen und Kunden mit den Metzgereiwaren geht. Natürlich läuft das alles in etwas größerem Maßstab als in kleineren Betrieben, allerdings bemüht man sich um Transparenz und Regionalität. Nur fünf Artikel werden zugekauft, der gesamte Rest der Palette selbst hergestellt, sogar Kloß und Soße für den Partyservice und das Mittagsgeschäft. Probieren sollten Sie unbedingt die Kulmbacher Bratwust – eine feine Bratwurst mit Kalbfleischanteil und einer Zitronennote.

Kontakt

E.-C.-Baumann-Straße 17a
95326 Kulmbach
Tel.: 09221-84998
Fax: 09221-86542
Mail: kleinheinz-metzgerei@t-online.de
www.metzgerei-kleinheinz.de

Öffnungszeiten

Laden:

Mo bis Fr	8.00 – 17.00 Uhr
Sa	8.00 – 13.00 Uhr
Imbiss:	7.00 – 17.00 Uhr

Biohof Distler

Erzeugen mit Herzblut und Leidenschaft

Seit fünf Generationen arbeitet die Familie Distler mit viel Engagement und Freude auf ihrem landwirtschaftlichen Betrieb. Der Bio-zertifizierte Betrieb hat sich zu einem kleinen naturverbundenen Unternehmen mit kulinarischen Spezialitäten und regionalen Schätzen, die auch in der Spitzengastronomie geschätzt werden, entwickelt. Dafür bauen Birgit und Manfred Distler fast vergessene Ölfrüchte wie Leindotter, Lein, Saflor oder Mariendistel an. Auch Raps, Senf und THC-freier Hanf gehören zu den Produkten. Mit viel Liebe stellen sie aus ihrer eigenen Ernte hochwertige kaltgepresste Öle her, die sie in Direktvermarktung anbieten. Eine weitere Besonderheit ist die wachsende Galloway-Rinderzucht, die in Weidehaltung lebt. Das zart marmorierte Fleisch besitzt einen angenehmen, leichten Wildgeschmack und erfreut sich einer stetig wachsenden Kundschaft. Mit viel Herzblut ist im Laufe der Jahre eine kleine Schatzkammer entstanden, die der Nachfrage nach biologisch erzeugten Produkten Rechnung trägt.

Kontakt

Esbach 1, 95326 Kulmbach
Tel.: 09221-879455
Mobil: 0178-9140050
Mail: biohof@distler.com.de

Öffnungszeiten

Fr und Sa 9.00 – 13.00 Uhr
ansonsten nach Absprache

Genusstour durch das Kulmbacher Land

Begleiten Sie uns auf einer Genusstour durch den Landkreis Kulmbach. Egal aus welcher Himmelsrichtung Sie kommen, gelangen Sie auf gut ausgebauten Straßen oder gepflegten Rad- und Wanderwegen je nach Anlass schnell, bequem oder gemütlich ans Ziel. Erleben Sie die abwechslungsreichen, malerischen Landschaften des Landkreises in den Ferienregionen Fränkische Schweiz, Fichtelgebirge, Frankenwald und Oberes Maintal. Entdecken Sie dazu malerische Dörfer, trutzige Burgen, sehenswerte Schlösser und Kirchen. Besuchen Sie Museen, Parks, Konzerte, Theater, Feste und Märkte!

Lernen Sie Land und Leute kennen. Oder nutzen Sie die zahlreichen hervorragenden Sport- und Freizeitangebote. Denn das Kulmbacher Land hat wirklich Hervorragendes zu bieten.

Übrigens: *Auf der Internetseite: tourismus.landkreis-kulmbach.de finden Sie dazu viele weitere Tipps und Informationen!*

Genusstour Startpunkt: Kulmbach

Zu einem gelungenen Aufenthalt im Kulmbacher Land gehört unbedingt auch ein Besuch im gepflegten Wirtshaus. Denn wer Essen und Trinken zu schätzen weiß, genießt im Landkreis Kulmbach ein hervorragendes Angebot. Ob moderne Sterneküche oder traditionelle Gastronomie, die Gastgeber des Kulmbacher Landes verwöhnen Sie mit einer kulinarischen Vielfalt, die sich sehen lassen kann.

Verbinden Sie doch wieder einmal einen schönen Tag im Kulmbacher Land mit einer Wanderung, dem Besuch beeindruckender Sehenswürdigkeiten, interessanter Museen, froher Feste und der Einkehr im urigen Wirtshaus, Brauereigasthof, Biergarten oder gehobenen Spezialitätenrestaurant. Genussliebhaber finden hier ein kulinarisches Schatzkästchen, das sie auch nach Jahren noch nicht vollständig durchforscht haben. Die Liste der kulinarischen Köstlichkeiten ist lang und lässt Feinschmeckern das Wasser im Munde zusammenlaufen.

Genusstour durch das Kulmbacher Land

Dazu wird sich Ihre Reisetasche unterwegs mit so mancher Spezialität aus der Region anfüllen: Käse, Wurst oder traditionell geräucherter Schinken, ein kräftiges Roggenbrot oder einige süße Spezialitäten je nach Saison, wie Kirchweihküchla, Lebkuchen und Pralinen, und natürlich ein paar Flaschen Bier aus einer der regionalen Brauereien. Bäcker, Metzger und landwirtschaftliche Direktvermarkter in der Region verwöhnen Sie mit einer reichen Auswahl an regionalen Spezialitäten. Nehmen Sie sich doch einfach ein paar kulinarische Erinnerungsstücke aus der Region mit oder beschenken Sie Angehörige und Freunde!

Genusstour Startpunkt: Kulmbach

In der ausführlichen Beschreibung der Tour (siehe Website der Genussregion bzw. QR-Code) wurden viele Anregungen und Adressen zusammengestellt.

Genießen Sie das Kulmbacher Land mit allen Sinnen! Wir wünschen einen gelungenen Aufenthalt.

Wanderkarte & mehr Infos:

Metzgerei Edwin Schimmel

Handwerk erleben – Heimat schmecken

Ehrliche Qualität, höchste Sorgfalt und kurze Wege machen die Produkte der Metzgerei Schimmel täglich frisch zum Genuss. Hier werden Ihnen handwerkliche Qualität nach alter Tradition, freundlicher Service, hochwertige regionale Spezialitäten in großer Auswahl, täglich frisch zubereiteter Mittagstisch und ein vielfältiger Partyservice, der bei der Ausrichtung von kleinen und großen Festen hilft und organisiert, geboten. Probieren Sie die hausgemachten, mit viel Liebe und Können hergestellten Produkte! Edle Gewürze und erlesene Zutaten geben den Erzeugnissen die besondere Qualität und die einzigartige Geschmacksnote. Es wird ausschließlich Fleisch aus der marktschorgaster Region verarbeitet, damit Sie Tag für Tag feine Spezialitäten genießen können. Probieren Sie das Dry-Age-Bio-Angus – ob pur als Steak oder meisterlich verarbeitet in den Pure Beef-Produkten. Genuss pur durch hochwertige Produkte und Zutaten!

Kontakt

Marktplatz 36, 95509 Marktschorgast
Tel.: 09227-909020
Fax: 09227-909021
Mail: info@metzgerei-schimmel.de

www.metzgerei-schimmel.de

Öffnungszeiten

Mo	7.30 – 13.00 Uhr
Di bis Fr	7.30 – 18.00 Uhr
Sa	6.30 – 12.30 Uhr

Gasthof Berghof

Restaurant Ursprung

Seit Januar 2011 heißt es für Claudia und Alexander Schütz „zurück zum Ursprung". Nach einigen Wanderjahren in der Top-Gastronomie und Hotellerie sind sie zum elterlichen Betrieb der Familie Schütz zurückgekehrt. Die ehemalige Gastwirtschaft wurde umgebaut und bekam innen und außen ein neues Erscheinungsbild. Ein stylisches Ambiente mitten im Frankenwald. Ein Ort zum Genießen, Feiern und Treffen. Heimisch fühlen und spüren wo Kochkunst und Gastlichkeit aufeinander treffen. Das Küchenkonzept: Tradition trifft Moderne, frisch und regional, mal einfach und mal raffiniert, ehrlich und hausgemacht, herrlich aromatisch und wunderbar saisonal.

Kontakt

Wartenfels 85, 95355 Presseck
Tel.: 09223-229
Fax: 09223-945647
Mail: mail@berghof-wartenfels.de

www.berghof-wartenfels.de

Öffnungszeiten

Mi bis So 11.00 – 23.00 Uhr

Linsensuppe auf fränkische Art

Biblisches Grundnahrungsmittel

Deftig zubereitete und mit Bauchfleisch oder Würstchen servierte Linsensuppen sind echte Bauchschmeichler, die ihre Abstammung aus Zeiten, in denen ein kräftiges Essen Körperkraft verleihen und gegen die (winterliche) Kälte helfen musste, nicht verleugnen können. Eintöpfe aus Linsen, Erbsen oder auch Bohnen und Kartoffeln gehören daher in ganz Deutschland zu den Klassikern der alten Küche, die neben üppigen Inhalten durchaus auch gesundheitliche Werte haben können. So enthalten Linsen – insbesondere in Kombination mit Getreide-Eiweiß – für den Menschen besonders wertvolle Aminosäure-Verbindungen und reichlich Zink und bilden damit eine ideale Grundlage auch für die fleischlose Küche.

Linsen – insbesondere die braunen Tellerlinsen – gehörten als preiswerte und leicht zu lagernde Hülsenfrüchte früher als Grundnahrungsmittel in jeden Haushalt. Die Begehrlichkeit eines schmackhaften Linsengerichts, für das man weitaus wertvollere Dinge gerne opfert, hat sogar sprichwörtlichen Charakter, der auf das Alte Tes-

Kurzinfo

Kräftig gewürzte Linsensuppen passen gut zu einem fränkischen Bier. Man isst sie gerne mit einem Stück Bauchfleisch oder auch zu feinen Siedewürstchen. Wer gerne etwas farbiger kocht, sollte gelbe oder rote Linsen oder auch die schwarzen Beluga-Linsen probieren. Da sie sehr viel kleiner sind als die braunen Tellerlinsen, muss man sie auch nicht lange einweichen.

TIPP: Die Suppe lässt sich gut aufbewahren und wieder aufwärmen. Sie soll dann sogar noch besser schmecken!

tament zurück geht. So trat Esau seinen Anspruch als erstgeborener Sohn Isaaks an seinen Bruder Jacob für ein Linsengericht ab, was belegt, dass man bereits in biblischen Zeiten eine würzig-kräftige Linsensuppe gerne und wohl auch häufig aß.

In Oberfranken verbindet sich noch ein weiterer symbolischer Brauch mit der Linsensuppe. Man isst sie hier gerne am Heiligen Abend und zu Silvester. Denn die Vielzahl der Linsenkörner in der Suppe soll dafür sorgen, dass im kommenden Jahr das Geld in der Börse nicht ausgeht.

Grundrezept | Linsensuppe

Die Linsen über Nacht oder wenigstens 1 bis 2 Stunden einweichen. Das Einweichwasser abgießen. Den Bauchspeck klein schneiden und auslassen, Zwiebel und Suppengemüse klein schneiden und dazugeben, mit frischem Wasser oder 1/2 l Fleischbrühe aufgießen. Die Linsen und die Gewürze zugeben. Köcheln lassen. Tellerlinsen brauchen etwa 50 Minuten, um weich zu kochen, rote, gelbe oder Beluga-Linsen benötigen etwas weniger Zeit. Zum Schluss Wienerla oder Mettwürstchen in die Suppe geben und gut durchziehen lassen. Wer will, kann die Wurst auch in Scheiben schneiden, damit die Suppe den Wurstgeschmack etwas besser annimmt.

Zutaten

Etwa 120 – 150 g getrocknete Linsen, 1 dicke Scheibe Bauchspeck, Wasser, Fleischbrühe, 1 Bund Suppengemüse, 1 Zwiebel, Salz, frisch gemahlener Pfeffer, Lorbeerblatt, evtl. 3 – 4 Kartoffeln, Wienerla oder Mettwürstchen.

Brauerei L. Schübel OHG

Schon immer Privatbrauerei

Seit 1872 gibt es die Privatbrauerei L. Schübel im Herzen von Stadtsteinach. Heute stehen Jürgen Münch und seine Frau Andrea Schübel-Münch in der fünften Generation am Sudkessel und brauen so leckere Biere wie das Drachenseidla oder den Nordeck-Trunk. Als gelernter Brauer und Mälzer steht auch Sohn Mario bereits am offenen Gärbottich und arbeitet mit. Sehr beliebt ist auch das Schübel A fränkisch, ein bernsteinfarbenes Kellerbier, das es seit 2010 gibt und das 2012 mit dem EUROPEAN BEER STAR in Bronze ausgezeichnet wurde. Es wurde zum Tag der Franken erstmals vorgestellt und findet seither reißenden Absatz. Zur Fastenzeit lockt der Leonhardor, ein echtes Starkbier mit 17,3% Stammwürze. Direkt neben der Brauerei finden Sie den hauseigenen Getränke- und Geschenkestadl, in dem Sie für jede Gelegenheit etwas Besonderes finden.

Kontakt

Knollenstraße 12
95346 Stadtsteinach
Tel.: 09225-956482
Fax: 09225-956484
Mail: info@schuebel-braeu.de
www.schuebel-braeu.de

Öffnungszeiten

Mo bis Fr	9.00 – 18.00 Uhr
Sa	8.30 – 13.00 Uhr

Brauerei L. Schübel.

Echt. Stark. Oberfranken!

KULTUR & GENUSS

WIR FREUEN UNS AUF IHREN BESUCH!

Handwerk und Lebensmittelkultur haben in der Genussregion Oberfranken eine lange Tradition. Diese können Sie in elf Museen hautnah erleben, die durch die Themen Kulinarik, Handwerk und Anbaukultur miteinander verbunden sind.

MUSEEN RUND UM DIE GENUSSKULTUR IN FRANKEN

1 Aischgründer Karpfenmuseum

Im einzigartigen Aischgründer Karpfenmuseum erleben Sie die 1250-jährige Geschichte der Karpfenzucht. Seit dem 8. Jahrhundert werden in Franken Karpfen gezüchtet, mit der Zeit entstand im Aischgrund eine ausgedehnte Weiherlandschaft. ***Untere Schloßgasse 8, 91413 Neustadt a. d. Aisch***

2 Welterbe-Besucherzentrum Bamberg

Die familienfreundliche, interaktive Ausstellung gibt einen Überblick über die Welterbestätte „Altstadt von Bamberg“ und bettet sie in den internationalen UNESCO-Kontext ein. Der Eintritt ist frei. ***Untere Mühlbrücke 5, 96047 Bamberg***

3 Deutsches Korbmuseum

Das Deutsche Korbmuseum verbindet die Geschichte des Flechthandwerks und des Korbhandels mit dem lebendigen, modernen Handwerk von heute. In einer einmaligen Ausstellung werden Korbwaren aus aller Welt gezeigt. ***Bismarckstraße 4, 96247 Michelau in Oberfranken***

4 Bayerisches Brauereimuseum Kulmbach

„Vom Halm bis zum Glas“ beleuchtet eindrucksvoll den Weg des Bieres sowie das breite Spektrum rund um das „flüssige Gold“. Dabei charakterisiert das Museum die herausragende Stellung der Braukultur in Bayern, Franken und speziell in Oberfranken. ***Hofer Str. 20, 95326 Kulmbach***

5 Deutsches Gewürzmuseum Kulmbach

Hier erleben Sie eine spannende „Reise in die Welt der Sinne“ rund um die kulturellen, historischen und botanischen Facetten der Gewürze. Gewürze sind in aller Munde: Das Deutsche Gewürzmuseum begibt sich auf die faszinierenden Spuren des guten Geschmacks. ***Hofer Str. 20, 95326 Kulmbach***

6 Bayerisches Bäckereimuseum Kulmbach

„Vom Korn zum Brot“ illustriert eine umfassende Dokumentation zur gesellschaftlichen und wirtschaftlichen Dimension des Bäckerhandwerks, die zugehörige kulturelle und religiöse Symbolik sowie historische und aktuelle Ursachen von Hunger und Not. ***Hofer Str. 20, 95326 Kulmbach***

7 Oberfränkisches Bauernhofmuseum

Das Oberfränkische Bauernhofmuseum Kleinlosnitz liegt unweit des Großen Waldsteins in der Marktgemeinde Zell im Fichtelgebirge. 1983 wurde der Dietelhof erstmals der Öffentlichkeit zugänglich gemacht. ***Kleinlosnitz 5, 95239 Zell im Fichtelgebirge***

8 9 Porzellanikon Selb & Porzellanikon Hohenberg a. d. Eger

Auf ideale Weise verkörpern das Porzellanikon Selb (Fabrik & Technik) und das Porzellanikon Hohenberg (Villa & Sammlung) die Tradition der Branche in der heute noch bedeutendsten Porzellanregion Europas. ***Werner-Schürer-Platz 1, 95100 Selb & Schirndinger Str. 48, 95691 Hohenberg a. d. Eger***

10 Rogg-In

Hier können Besucher das Thema Roggen auf vielfältige Weise erleben. Man erfährt nicht nur, wie Roggen angebaut, geerntet und zu Roggenbrot verarbeitet wird, sondern auch vieles über Ernährung und ökologische Landwirtschaft. ***Goethestraße 25, 95163 Weißenstadt***

11 Töpfermuseum Thurnau

Wie eine Hasenbratenpfanne aussieht, was ein liegender Kasseler Ofen ist und warum der Ton mit Füßen getreten wird – all das und viel mehr erfahren Sie bei einem Besuch des Töpfermuseums im historischen Töpferort Thurnau. ***Kirchplatz 12, 95349 Thurnau***

12 Gärtner- und Häckermuseum Bamberg

Das zweisprachige Museum vermittelt informativ, lebendig und amüsant die Zusammenhänge des gewerblichen innerstädtischen Lebens der Bamberger Gemüse- und Weingärtner, ihrer Kultur und Geschichte. ***Mittelstraße 34, 96052 Bamberg***

Weitere Anbieter im Landkreis Kulmbach

Hotel Ertl „Parkschänke“ KG
Hardenbergstraße 3
95326 Kulmbach
Tel.: 09221-974000
Fax: 09221-974050
Mail: info@hotel-ertl.de

www.hotel-ertl.de

Restaurant Hagleite
Matthäus-Schneider-Straße 6
95326 Kulmbach
Tel.: 09221-4231
Fax: 09221-84651
Mail: info@hagleite.de

www.hagleite.de

Kulmbacher Weideschwein
Eggenreuth 3
95326 Kulmbach
Tel.: 09221-3919676
Mail: info@kulmbacher-weideschwein.de
www.kulmbacher-weideschwein.de

Gastwirtschaft Zum Paul
Buchau 15
95336 Mainleus
Tel.: 09229-8152
Fax: 09229-979492
Mail: zum-paul@t-online.de

www.zumpaul-buchau.de

Hofkäserei Weigel
Rohr 5
95512 Neudrossenfeld
Tel.: 09203-9377
Fax: 09203-9378
Mail: hofkaeserei-weigel@web.de

Weitere Anbieter im Landkreis Kulmbach

Hans Partheimüller – Kunstmühle
Dammweg 5
95346 Stadtsteinach
Tel.: 09225-268
Fax: 09225-1029
Mail: partheimuehle@freenet.de

Metzgerei und Hofladen Pfändner
Zedersitz 16
96197 Wonsees
Tel.: 09274-1434
Fax: 09274-80280
Mail: metzgerei-pfaendner@t-online.de

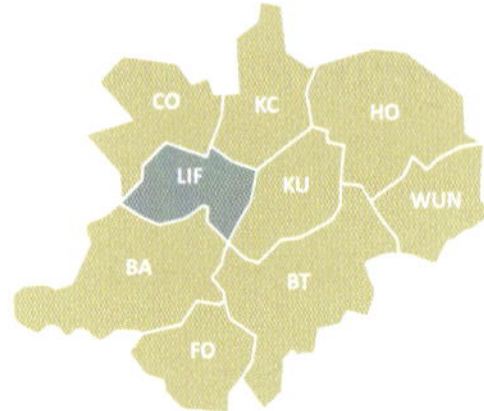

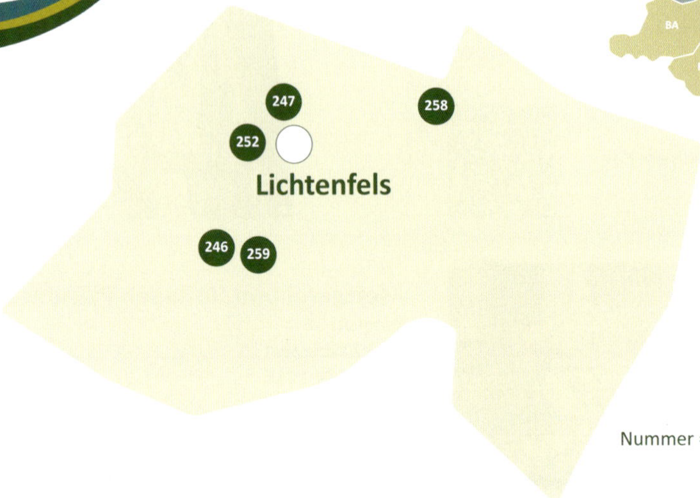

Nummer = Seite im Buch

Genuss für Körper und Seele

Heiliger Boden – zumindest für echte Franken. Im „Gottesgarten" liegen die Basilika Vierzehnheiligen und das Kloster Banz, eine große Zahl von Brauereien, Metzgereien und Bäckereien und eine traumhaft schöne Landschaft rund um den heiligen Berg der Franken, den Staffelberg. Wenn Sie es genau wissen wollen, sollten Sie einfach mal den Text des Frankenliedes studieren, dann wissen Sie, warum hier Gänsehaut angesagt ist. Hier können Sie es sich aber nicht nur kulinarisch gut gehen lassen, auch für die Seele und den Körper gibt es einen wahren Wohlfühl- und anerkannten Genussort: Bad Staffelstein. Neben der Obermaintherme finden sich hier Holzofenbäcker, Forellenzucht, Mühle, Weinberg sowie eine große Vielfalt an Kürbissen.

Anbieterportraits Lichtenfels Stadt & Land

Spezialitäten, Rezepte und Genusstour

Hausbrauerei und Metzgerei Reichert

Foto: Sebastian Kolm - info@zweikfotografen.de

Der Metzgerbräu aus Uetzing

Sudhaus und Räucherkammer sind seine liebsten Gebäude. Manfred Reichert hat die höchste Bier-Schinken-Kompetenz in Franken. Ein Bier brauender Metzger, der auch beide Berufe noch voll ausübt, ist schon ungewöhnlich genug. Wenn der Manni aber in seinem Kellerladen steht, zusammen mit seinen vielen fleißigen Helfer-innen, dann klappt die Versorgung der Dorfbewohner, der Kunden aus dem Landkreis und der vielen Touristen, die teilweise extra wegen der urigen Atmosphäre in den Keller kommen. „Was du hier nicht findest, brauchst du nicht.", lautet das Geschäftsprinzip. Neben Bier und Brotzeiten finden Sie alles, was man so zum Leben braucht. Aber hauptsächlich Metzgerbräu-Lagerbier aus der Hausbrauerei und dazu Mannis Hausschinken aus dem Buchenholzrauch oder andere Wurstspezialitäten aus der eigenen Metzgerei. Die Brotzeiten mit vielfältigen Wurst-, Schinken- und Käsevariationen auf Natursauerteigbrot aus Serkendorf haben schon zahlreiche Freunde in der Welt gefunden.

Kontakt

Stublanger Straße 2
96231 Bad Staffelstein-Uetzing
Tel.: 09573-6304
Fax: 09573-3314984
Mail: info@metzgerbraeu.com
www.metzgerbraeu.com

Öffnungszeiten

Mo bis Sa 6.30 – 20.00 Uhr
So 14.00 – 20.00 Uhr
Kein Ruhetag

Wurstverkauf im Laden
bis 18.00 Uhr

Bäckerei Söllner, Inh. Johanna Völker e.K.

Bäckerei aus einem Backofen

1945 zerstörte eine amerikanische Granate ausgerechnet die 1884 gegründete Bäckerei Söllner. Lediglich der Backofen blieb stehen und half in diesen schweren Zeiten bei der Versorgung der umliegenden Bevölkerung. Nach und nach entstand die Bäckerei allerdings wieder neu und dient heute Familie Völker, die den Betrieb 2017 vom Mathias Söllner übernommen hat, und ihrem Team als Backstube. Die Bäckerei wird seitdem mit den selben Rezepten und Produkten weitergeführt. Neben dem Ladengeschäft gibt es noch eine Filiale mit Café in der Innenstadt. Zu den beliebtesten Backwaren, die fast ausschließlich nach uralten Traditionsrezepten hergestellt werden, gehören immer zu Weihnachten der Opa Josef-Stollen und die Elisenlebkuchen, die es schon bis zur Genussmesse nach Mailand geschafft haben. 2020 wurde das Café in der Innenstadt durch einen Umbau erweitert. Beim Schützenfest ist die Bäckerei Söllner jedes Jahr mit ihrem „Brezenhäusla" vertreten.

Kontakt

Maingasse 10, 96215 Lichtenfels
Tel.: 09571-4724
Fax: 09571-74095
Mail: info@baeckereisoellner.de

www.baeckereisoellner.de

Öffnungszeiten

Hauptgeschäft:
Mo bis Fr 6 – 18 Uhr
Sa 6 – 12 Uhr | So 7 – 10 Uhr
Filiale Innenstadt (Bamberger Str. 4):
Mo bis Sa 6 – 18 Uhr
So 8 – 18 Uhr

Schweinebraten auf fränkische Art

Fester Bestandteil des fränkischen Sonntags

Der Klassiker unter den fränkischen Sonntags- und Festtagsessen, der auch auf keiner gastronomischen Speisekarte fehlt, ist der fränkische Schweinebraten mit goldbraun gebackener Kruste. Mit reichlich Soße übergossen ist er die ideale Ergänzung zu den beliebten rohen Kartoffelklößen und wird mit ebenso viel Liebe und Sorgfalt – oft schon am Vortag – gewürzt und gemächlich im Backofen knusprig gebacken.

Zum fränkischen Sonntag gehört nach Kirchgang und Frühschoppen – ob im Wirtshaus oder zuhause genossen – schon seit ewigen Zeiten ein saftiger Schweinekrustenbraten. Da in vielen ländlichen Haushalten früher Schweine gemästet wurden, hatte man zumindest in der kühleren Jahreszeit auch immer ein paar gute Bratenstücke zur Verfügung. Der typische fränkische Krustenbraten wird mit Schwarte und Fettauflage aus der Schweineschulter geschnitten. Gut geeignet ist auch der Schweinenacken.

Kurzinfo

Auch als typisches Festessen nach der vorweihnachtlichen Fastenzeit hat der Schweinebraten eine lange Tradition. So wurde in früheren Zeiten im Advent, vor allem aber am Heiligen Abend, ein strenges Fasten gehalten, bei dem kein Fleisch, sondern traditionell ein gekochter Karpfen auf den Tisch kam. Erst nach der Christmette wurden dann wieder ein üppiger Braten oder aber frisch zubereitete Mettenwürste gegessen.

TIPP: Schweinebraten lässt sich sehr gut einige Tage im Kühlschrank aufbewahren und kalt mit Gurke genießen.

Wir empfehlen, bei der Fleischauswahl auf Qualität zu achten. Gerade bei Schweinefleisch sind Tierhalter und Metzger des Vertrauens gefragt, die sich für eine sorgfältige Rasseauswahl, artgerechte Haltung, langsame Mast, sowie stressfreie Schlachtung der Tiere einsetzen. Fleisch von Tieren, denen ausreichend Zeit gelassen wurde, um ihr Schlachtgewicht zu erreichen, erkennt man an der Farbe und einer feinen Fettmarmorierung. Sie garantiert Zartheit, Saft und Geschmack. Denn Hand aufs Herz – wer möchte nicht den Genuss eines knusprigen, voll saftigen Schweinebratens mit dem guten Gefühl verbinden, echte Qualität aus Franken zu genießen?

Rezept | Fränkischer Schweinebraten

Das Fleisch eventuell schon am Vortag mit Salz, Pfeffer und zerquetschtem Knoblauch einreiben, die Schwarte kreuzweise einschneiden.

Man brät das Fleisch zunächst in Schweine- oder Butterschmalz von allen Seiten in einer Pfanne oder direkt im Bräter kräftig an, gießt mit Wasser oder Brühe und Bier auf und legt die Schwartenseite nach unten. Beifuß, Kümmel und Zwiebeln dazugeben. Im vorgeheizten Backofen bei 180°C schmoren lassen. Nach 45 Minuten das Fleisch mit der Schwarte nach oben legen, das Suppengemüse an den Fond geben, eventuell etwas Flüssigkeit nachgießen und alles weitere 60 bis 75 Minuten bei 200°C schmoren lassen. Zum Schluss kann man die Temperatur eine Viertelstunde lang noch etwas erhöhen (230°C), damit die Kruste schön kross wird. Zuletzt den Bratenfond abgießen und abschmecken. Mit Klößen und Sauerkraut oder Wirsing servieren.

Zutaten

1,5 kg Schweineschulter mit Fettauflage und Schwarte, evtl. auch Schweinebauch oder Schweinekamm, Schweineschmalz oder Butterschmalz zum Anbraten, 1/4 l Wasser oder Brühe, 1/4 l Bier, Salz, Pfeffer, Kümmel, 1 – 2 Knoblauchzehen, Beifuß, nach Geschmack evtl. frischer Majoran, Suppengemüse, wie Karotte, Zwiebeln, 1/2 Stange Lauch, Petersilienwurzel.

Scheiterhaufen

Das beste süße Resteessen

Scheiterhaufen ist eine im ganzen fränkisch-süddeutschen und österreichischen Raum unter verschiedenen Namen bekannte süße Hauptmahlzeit, die vor allem bei Kindern sehr beliebt ist. Man verwendet dazu altbackene Brötchen oder Weißbrotscheiben, sowie in dünne Scheiben geschnittene Äpfel. Die Zutaten werden abwechselnd in eine gebutterte Auflaufform geschichtet und mit einer gut verquirlten Eiermilch übergossen. Goldgelb ausgebacken schmecken sie mit Zimt und Zucker bestreut hervorragend.

Man isst dieses Gericht gerne an warmen Sommer- oder Herbsttagen, wenn die Äpfel reif sind. Besonders eignen sich für die Zubereitung schon leicht mürbe gewordene Kornäpfel oder der rote Sommerapfel und die rote Sternrenette.

Scheiterhaufen gehört zweifellos in die Kategorie der Resteessen. Allerdings dürfte es die zu seiner Herstellung benötigten Milchbrötchen oder helles Weizen-

Kurzinfo

Scheiterhaufen schmeckt knusprig gebacken und frisch aus dem Ofen am besten. Falls dennoch etwas übrig bleibt, kann man ihn wie einen Apfelkuchen auch kalt servieren. Gekühlt lässt sich die Apfel-Brötchen-Masse auch ein paar Tage aufbewahren.

TIPP: Scheiterhaufen isst man mit Zimt und Zucker bestreut. Auch eine Vanillesoße passt hervorragend dazu!

mehlbrot früher nur zu besonderen Anlässen in einem solchen Übermaß gegeben haben, dass man sie – altbacken geworden – verwerten musste. So könnte das Rezept seinen Ursprung in der Weiterverarbeitung der zu großen Festtagen gebackenen feinen Weizenbrote, Brötchen oder auch Krapfen haben, die nach einigen Tagen hart wurden.

Seinen an nicht eben angenehme Strafmaßnahmen erinnernden Namen erhielt dieses gleichwohl süße Gericht durch die Art und Weise, wie Äpfel und Brötchenscheiben abwechselnd in die Form geschichtet werden. Doch die negative Assoziation verfliegt sofort, wenn einem der köstliche Duft eines im Ofen ausbackenden Scheiterhaufens in die Nase steigt.

Rezept | Scheiterhaufen

Die Brötchen, das Weißbrot oder die Krapfen in feine Scheiben schneiden, die Äpfel schälen, entkernen, ebenfalls in Scheiben schneiden und mit Zitronensaft beträufeln. Milch und Eier gut verquirlen, Zucker und Zitronenschale dazugeben. Nun die Brötchenscheiben mit der Eiermilch übergießen und gut durchziehen lassen. Eine ofenfeste Form gut mit Butterfett ausstreichen. Zunächst eine Schicht von der Brötchenmasse hineingeben, danach eine Schicht Äpfel darüber verteilen und so fortfahren, bis alles gut verteilt ist. Die abschließende Brötchenschicht mit Butterflocken bestreuen. Wer mag, kann die Äpfel mit Mandelblättchen und Rosinen mischen. Im Ofen bei etwa 180°C ca. 45 Minuten goldgelb ausbacken.

Zutaten

Auf etwa 6 – 8 altbackene Brötchen oder eine entsprechende Menge an Weißbrotscheiben oder altbackenen Krapfen verwendet man 1/4 l Milch, 3 – 4 Eier, 6 – 8 säuerliche Äpfel, 60 g Zucker, Saft und abgeriebene Schale von 1 Zitrone, etwa 50 g Rosinen und Mandeln (nach Geschmack), Butter zum Ausfetten der Form, sowie etwa 50 g Butterflocken.

Braumanufaktur Lippert

Vom Glühweinkocher zum Sudkessel

Hobbybrauer Markus Lippert legte die perfekte Metamorphose eines Franken auf's Parkett: Ausgezogen, um den Schwaben die fränkische Lebensart beizubringen, ging es erstmal beruflich über Stuttgart. Dort fand sich die passende bessere Hälfte und die beiden beschlossen, ihren Lebensmittelpunkt in die fränkischen Gefilde zu verlegen. Hier entdeckte Markus Lippert seine Bierbegeisterung auf's Neue und machte sie zu seinem schmackhaften Hobby. Mit Minimalausrüstung entwickelte der Bierfan 2010 spannende Rezepturen, mit denen er auch seinen Freundeskreis beglückte. Der wiederum bestärkte den Brauer in seinem Tun, und so wurde 2012 aus Spaß Ernst, und zwar in Form der Braumanufaktur Lippert. Mittlerweile entstehen pro Sud nicht mehr die 10 Liter vom Glühweintopf, sondern gleich 1.000 Liter im professionellen Sudhaus.

INFO

TIPP: Montagabends immer ein warmes Essen auf Vorbestellung (Warmesser-Montag)!

Ein Rauchbier aus Lichtenfels

Die Klassiker sind „Fränkisch Hell“ und „Räucherla“. Diese zwei sind perfekt auf den Punkt gebraut und haben jeweils einen großen Kreis an Stammkunden. Besonders beim Rauchbier gelang es dem Brauer, Harmonie und Exotik zu vereinen. Der bisher größte Feiertag für die Brauerfamilie ist der 9. April. Denn trotz der Wirren der Covid-Krise starteten sie an diesem Tag mit ihrer neuen Brauanlage in Seubelsdorf, die nicht nur optisch ein echtes Highlight ist. Vor Ort können Sie neben einer Brauereiführung auch spannende Braukurse erleben – und auch die vielen saisonalen Biersorten verkosten, die regelmäßig aus den Zapfhähnen strömen. Wo Durst ist, ist auch Hunger, deswegen bietet Markus Lippert mit seinem Team in der „Schwemme“ feine fränkische Brotzeiten – der Himmel für Bierfreunde ist also nicht weit!

Kontakt

Bamberger Straße 77
95215 Lichtenfels
Tel.: 09571-9480817
Mail:durst@braumanufaktur-lippert.de
www.braumanufaktur-lippert.de

Öffnungszeiten

Mo bis Sa	ab 11.00 Uhr,
Brotzeiten	17.00 – 20.00 Uhr
So	ab 10.00 Uhr
Brotzeiten	ganztägig

genuss region
WIR SPRECHEN KULINARISCH

ober fran ken

Durch den Lautergrund – Eine Genusstour im Landkreis Lichtenfels

Unser Tourenvorschlag führt in den Lautergrund östlich von Bad Staffelstein. Sie können das idyllische Bachtal auf bequemen Wegen, weitgehend abseits vom Straßenverkehr, mit dem Rad durchfahren. Als Ausgangspunkt empfiehlt sich für alle, die von weiter her kommen, der Bahnhof in Bad Staffelstein. Einzelne Abschnitte der Strecke sind auch als Wandertouren geeignet. Auch hierzu ist die Anreise mit der Bahn möglich. Für die Anfahrt mit dem Auto empfiehlt sich z.B. der Wanderparkplatz unterhalb des Staffelberges bei Loffeld sowie Parkplätze in Schwabthal oder Uetzing.

Die Lauter ist ein munter fließender Bach, der sich aus dem Zusammenfluss von Döberten und Döritz in Stublang entwickelt. Von hier fließt er über Loffeld und Horsdorf nach Bad Staffelstein und mündet bei Unnersdorf linksseitig in den Main. Zum Lautergrund zählt auch das Einzugsgebiet der Quellbäche Döberten, der von Serkendorf über Uetzing fließt, und Döritz, dessen Wasser von End über Schwabthal und Frauendorf herangebracht wird, sowie der in Schwabthal zufließende Tiefentalbach.

Genusstour Startpunkt: Bad Staffelstein

Alle drei Bachtäler sind Varianten unserer Tour. Der von den drei Bächen geprägte Landschaftsraum wurde im Landesentwicklungskonzept Oberfranken-West als besonders wertvolle Kulturlandschaft von außergewöhnlich hoher Aussagekraft bewertet, in der landschaftsprägende Natur- und Kulturfaktoren in mustergültiger Weise ablesbar sind. Unterschiedliche Nutzungsformen, wie Wiesen, Streuobstbestände, Ackerschläge, Relikte alter Weinbergsnutzung bei Horsdorf und Loffeld usw. prägen die kleinteilige und reich gegliederte Landschaft.

Die historische Nutzung der Wasserkraft ist noch an zahlreichen Mühlen gut nachvollziehbar. Zahlreiche archäologische Stätten, zum Beispiel am Dorning, am Mellenberg bei Schwabthal oder am Hohlen Stein und natürlich auf dem nahen Staffelberg, bezeugen schließlich die bedeutende siedlungsgeschichtliche Prägung der Region durch frühe Kulturen.

Durch den Lautergrund – Eine Genusstour im Landkreis Lichtenfels

Unsere Radtour beginnt am Bahnhof in Bad Staffelstein. Wir fahren auf der Bahnhofstraße stadteinwärts zum verkehrsberuhigten Bereich und dem Marktplatz mit dem historischen Rathaus. Von hier aus verlassen wir den Ort auf der Horsdorfer Straße Richtung Osten. Nach der Unterquerung der Autobahn halten wir uns rechts und fahren durch Horsdorf und Loffeld nach Stublang. In Stublang fahren wir entweder auf dem Radweg rechts entlang der Staatsstraße weiter nach Frauendorf und Schwabthal und erreichen unser Tourziel in der Dorfmitte in End. Die Tourenvariante über Uetzing nach Serkendorf zweigt dagegen in Stublang nach links ab. Kurz nach der Kreuzung ist links der Wanderweg abseits der Straße nach Uetzing ausgeschildert.

Genusstour Startpunkt: Bad Staffelstein

Eine schöne Wandertour führt vom Wanderparkplatz bei Loffeld in den Ort. Gleich am Ortseingang zweigen wir nach links ab und folgen einem ansteigenden Hohlweg auf den Morgenbühl. Am Wanderparkplatz nach der zweiten Kurve steigen wir kurz steil auf den Höhenrücken dieses eindrucksvollen Trockenbiotopkomplexes und folgen den Fußwegen Richtung Osten vorbei an alten Eisenerzgruben und genießen den spektakulären Ausblick auf den Staffelberg. Wir halten uns links und wandern oberhalb von Stublang wieder über einen sehenswerten Hohlweg ins Tal. Über die Staatsstraße 2204 weg biegen wir auf den Wanderweg nach Uetzing ein und folgen kurz darauf der Ausschilderung zum Heiligenbrunnen. Von dort führt der Weg durch den Wald oder in einem kurzen Stück an der Staatsstraße entlang zurück zum Parkplatz bei Loffeld.

Wanderkarte & mehr Infos:

Fahrplan unter: www.vgn.de

MARA GmbH & Co. KG Ölmühle Untersiemau

Aus Eigeninitiative

Die MARA Ölmühle entstand im Jahre 2001, als die Landwirte im Maschinenring Coburg/Kronach/Lichtenfels auf der Suche nach einer Mühle für ihren Raps waren. In Untersiemau entstand auf dem Gelände des Agrarhandels Stegner die Ölmühle. Hier ist es möglich, im Jahr bis zu fünf Millionen Liter kaltgepresstes Rapsöl herzustellen. Wurde zu Beginn hauptsächlich Biotreibstoff gewonnen, verlagerte sich die Erzeugung mittlerweile auf hochwertiges Futteröl. Vor allem Schweinezüchter schwören auf den Zusatz von Rapsöl, weil neben der hohen Energiedichte vor allem der hohe Vitamin- und Nährstoffgehalt gesunde und wohlgenährte Tiere garantiert. Das Nebenprodukt, der eiweißreiche Rapskuchen, findet hauptsächlich in der Rinderfütterung Verwendung und ersetzt die importierte Soja. Das hochwertige, kaltgepresste Raps-Speiseöl ist in der Geschäftsstelle sowie in vielen Hofläden, SB-Automaten an Milchtankstellen und auf Bauernmärkten erhältlich.

Kontakt
Lichtenfelser Straße 2
96275 Marktzeuln-Zettlitz
Tel.: 09574-633370, Fax: -633374
Mail: mara@maschinenringe.de

www.mara-pflanzenoele.de

Öffnungszeiten

Mo bis Do	8.00 – 16.00 Uhr
Fr	8.00 – 14.00 Uhr

Weitere Anbieter im Landkreis Lichtenfels

Adelgunde Gagel
Mühlteich 5
96231 Bad Staffelstein
Tel.: 09573-5171
Mail: g-a.gagel@web.de

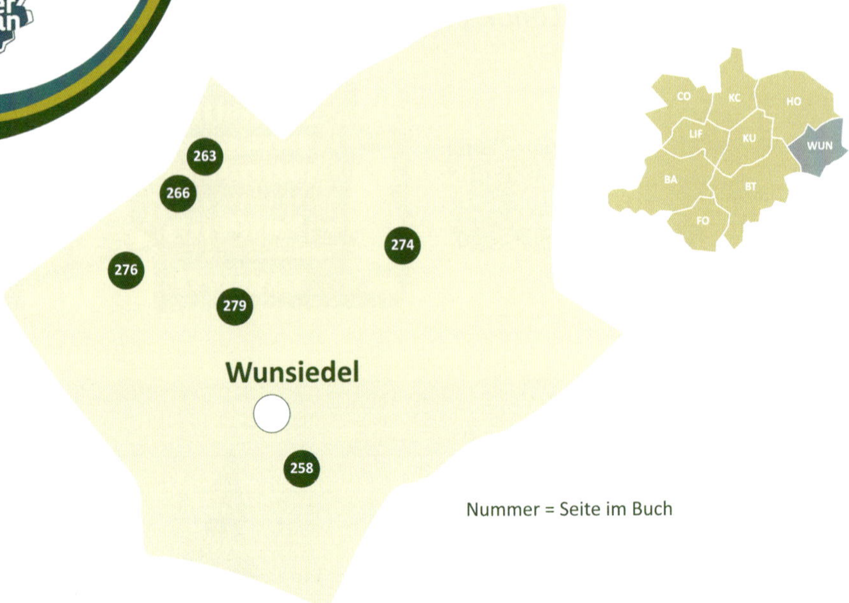

Im Land des grünen Goldes

Auch wenn für viele Franken Wunsiedel wirklich „JWD“ (janz weit draussen) liegt, offenbart sich hier besonders die Schönheit des Frankenlandes. Ausgedehnte Wälder, bunte Blumenwiesen, echte Berge und das langezeit unberührte Grenzland drängen sich für ausgedehnte Spaziergänge oder -fahrten auf. Diese Vielfalt birgt gerade bei den Pflanzen viele fast ausgestorbene Schätze, die liebevoll von Generation zu Generation weitergegeben werden, inklusive der zugehörigen Rezepte. Besonders authentisch erleben können Sie das im Genussort Nagel, wo schon seit über 400 Jahren Kräuterkunde und Kräutermedizin betrieben werden. Lassen Sie sich von einer zertifizierten Kräuterführerin ver- und entführen und genießen Sie das „Grüne Gold“ der Genussregion.

Anbieterportraits Wunsiedel Stadt & Land

Spezialitäten, Rezepte und Genusstour

Erlebnis Metzgerei Reichel

Metzgerei Reichel GmbH

Erlebnismetzgerei mit Börgermeister

Ganz ohne Geschmacksverstärker entstehen bei Klaus Reichel und seinem Team Klassiker, aber auch innovative Kreationen des Metzgerhandwerks. Ein besonderer Schwerpunkt liegt dabei auf Schinken- und Salatspezialitäten, die es in vielen Varianten und mit spannenden Zutaten gibt. Außerdem setzt die Metzgerei auf eine breite Palette von über 100 Gerichten, die ohne Zusatzstoffe im Glas ganz einfach zuhause zubereitet werden können. So können Sie sich die oberfränkischen Wurst- und Bratenspezialitäten gönnen, wann und wo auch immer Sie wollen. Übrigens finden Sie hier auch vegetarische Gerichte, so dass auch mal eine geschmackvolle Fleischpause möglich ist.

Kontakt

Markgrafenstraße 55
95680 Bad Alexandersbad
Tel.: 09232-4692
Mail: metzgerei.reichel@t-online.de
www.metzgerei-reichel.eu

Öffnungszeiten

Mi	8.30 – 12.00 Uhr
Do und Fr	8.30 – 18.00 Uhr
Sa	8.30 – 12.00 Uhr

Metzgerei **Süß**

Metzgerei Ludwig Süß

Vier Schwestern und ein Metzgermeister

Ein Familienbetrieb stellt sich vor. Die Metzgerei Ludwig Süß in Kirchenlamitz befindet sich am Fuße des Epprechtsteins mittendrin im schönen Fichtelgebirge. Der Betrieb ist mit Ludwig Süß bereits in der vierten Generation, und sein Sohn Sebastian wird schon bald in seine Fußstapfen treten. Als 2009 der städtische Schlachthof schließen musste, entschied sich der Familienbetrieb, ein eigenes Schlachthaus direkt am Betrieb anzubauen. Der Vorteil: kurze Transportwege, Unabhängigkeit und vor allem Regionalität, die den Metzgermeistern besonders wichtig ist. Deshalb beziehen sie Schweine und Rinder nur von ausgewählten Landwirten ihres Vertrauens und ersparen den Tieren so lange Transportwege und Stress. Zu den Spezialitäten gehören u.a. die Kirchenlamitzer Bratwürste, die leckere Stockwurst und das Geräucherte, das hier im Naturrauch über Buchenspänen eine Woche lang hängt, bis es in die Ladentheke gelangt. Dementsprechend geht der Kundenkreis weit über den Landkreis hinaus.

Kontakt

MWeißenstädter Straße 28
95158 Kirchenlamitz
Tel.: 09285-393
Fax: 09285-913448
Mail: metzgereisuess@t-online.de

Öffnungszeiten

Mo bis Do	7.00 – 12.30 Uhr
und	14.30 – 18.00 Uhr
Fr	7.00 – 18.00 Uhr
Sa	7.00 – 12.00 Uhr

Schlachtschüssel

Deftiger geht's nicht

Ohne Zweifel genießt die Schlachtschüssel hierzulande Kultstatus. Sie ist unumgänglicher Höhepunkt des ländlichen Schlachtfestes, das in vergangenen Zeiten den über lange Wochen fleischlos geprägten Alltag vieler Menschen abwechslungsreich unterbrach. Heute hat sich der Brauch meistens auf das dörfliche Gasthaus verlagert, vor allem dann, wenn der Wirt noch selber schlachtet und seine Hauserzeugnisse in der eigenen Gaststube anbietet.

Häufig wird dieses Ereignis in der regionalen Presse vorab angekündigt und sorgt für einen ordentlichen Andrang hungriger Gäste. In einigen Orten, zum Beispiel in Willmersreuth bei Kulmbach, hat sich aus dem Schlachtfest eine dreitägige Kerwa – hier Krumba genannt – entwickelt, die vom Heimatverein der Gemeinde alljährlich ausgerichtet wird. Geschlachtet wurde früher fast ausschließlich in der kalten Jahreszeit, um die notwendige Kühlung der frischen Fleisch- und Wurstwaren zu ermöglichen.

Kurzinfo

Grundsätzlich gehört die Schlachtschüssel zum Schlachttag, sollte also frisch verzehrt werden. Am Tag danach empfiehlt es sich, die frischen Würste nicht im Wasser wieder aufzuwärmen, sondern mit etwas Fett in der Pfanne anzubraten. Kesselfleisch dämpft man mit Kraut, erwärmt es in der Wurstbrühe oder brät es ebenfalls in der Pfanne leicht an.

TIPP: Insbesondere in den traditionellen Braugasthöfen steht die Schlachtschüssel oft einmal im Monat auf der Speisekarte!

Auch heute noch muss für die vielen typischen Produkte der ländlichen Hausmetzgerei das Fleisch schlachtwarm verarbeitet werden, da es in der Wurstmasse sonst keine Bindung mehr erzeugt. Deshalb wurden die ausgewählten Tiere schon am frühen Morgen geschlachtet und mussten bis zum Abend verarbeitet sein.

Häufig stehen diese alten jahreszeitlichen Schlachttage in Zusammenhang mit verschiedenen kirchlichen Patronats- und Brauchtumsfesten, so dass sich daraus ein enger Zusammenhang zur Kirchweih entwickeln konnte. Aber auch unabhängig davon war es in den meisten ländlichen Haushalten notwendig, zum Schlachttag eine große Anzahl an Helfern aus der dörflichen Gemeinschaft zusammenzutrommeln, die zunächst dazu beitrugen, die vielen kleineren und größeren Arbeitsschritte vom Abbrühen und Zerlegen des Schlachttieres über das Blutrühren, Fleischkochen, Waschen der Därme, Zubereiten, Würzen und Brühen der Würste usw. reibungslos zu bewerkstelligen. Im Anschluss an diese Arbeiten oder manchmal auch schon zwischendurch war es dann selbstverständliche Gegenleistung, die zugleich die soziale Einstellung der Bauersleute unter Beweis stellte, wenn alle großen und kleinen Helfer auch hinreichend mit Wurstsuppe, frisch gekochtem Kesselfleisch und vor allem reichlich frischen Würsten versorgt wurden. Aus diesem Zusammenhang entwickelten sich von Ort zu Ort unterschiedliche Bräuche und Riten, wie zum Beispiel das „Worschdfohrn, Hoffnstelln und Schbießla reckn“ bei der Krumba in Willmersreuth oder das „Hofenrecken“ beim Schlachtfest in Goldkronach, die für den notwendigen Spaß bei der Arbeit sorgten und in der Erinnerung vor allem auch der Kinder die Schlachtfeste zu unvergesslichen Festtagen im Dorfleben steigerten.

Zutaten

Die Zutaten für Schlachtschüssel sind nicht standardisiert. Grundsätzlich gehören dazu ein oder mehrere Stücke gekochtes Fleisch vom Schwein (Kesselfleisch, Schüpf oder Spund = Bauchfleisch, Kopffleisch, gelegentlich auch Niere, Herz und Leber, seltener Zunge), einige warme Siedewürste (meistens Blut- und Leberwürste), zwei roh gekochte Klöße sowie reichlich Kraut.

Schelter`s
Premium Feldfrüchte

Schelter's Fichtelgebirgserdäpfel

Schelter's Premium-Speisekartoffeln

Die Familie Schelter hat sich auf die Erzeugung von Qualitätsspeisekartoffeln spezialisiert. „Ganz besonders wichtig sind uns rundum zufriedene Kunden!" Eine tiefgelbe Fleischfarbe und ein besonders intensiver Geschmack zeichnen die Premium-Kartoffeln aus. Nur die besten Sorten schaffen es bei der harten Auswahl auf den Acker. Dabei ist mit derzeit acht Sorten für jeden Geschmack und für jedes gewünschte Gericht die passende Kartoffel für Sie im Lager. Der Verkauf der Kartoffeln erfolgt nicht nur über das eigene Lager, sondern auch über viele Verkaufspartner in ganz Franken. Verkaufsstellen, Rezepte und viele weitere Informationen finden sie auf der Website.

Kontakt

Großschloppen 8
95158 Kirchenlamitz
Tel.: 09285-215
Fax: 09285-968276
Mail: info@schelters24.de
www.schelters24.de

Öffnungszeiten

Mo bis Sa	8.00 – 12.00 Uhr
und	13.00 – 18.00 Uhr

Auf dem Kartoffellehrpfad – Genusstour durch das Sechsämter Land

Aus der Vielzahl attraktiver Erlebnisse im Landkreis Wunsiedel haben wir den Kartoffellehrpfad rund um Kirchenlamitz ausgewählt. Wandern Sie über einen 11,5 km langen, vorbildlich beschilderten Erlebnispfad und erfahren Sie viel Wissenswertes zu einem der ältesten Kartoffelanbaugebiete in Mitteleuropa. Rund herum liegt eine beeindruckende Kulturlandschaft mit zahlreichen erhaltenen Zeugnissen der vielschichtigen Geschichte. Die Ortskerne von Kirchenlamitz und Reicholdsgrün sind als Ensemble und mehrere Wohnstallhäuser als Einzeldenkmale in die Liste der Bayerischen Baudenkmäler eingetragen Großschloppen, Reichholdsgrün und Raumetengrün werden seit jeher als Kartoffeldörfer bezeichnet.

Mit unterschiedlichen mittelalterlichen Gründungsdaten wurde in diesen Dörfern seit jeher Landwirtschaft betrieben. Als um 1647 der Bauer Hans Rogler im etwa 10 km entfernten Ort Pilgramsreuth damit begann, Kartoffeln feldmäßig anzubauen, taten es ihm schon bald die Landwirte rund um Kirchenlamitz nach.

Genusstour Startpunkt: Buchhaus, Kirchenlamitz

So ist bereits 1696 aus Gerichtsprotokollen des Hofer Landgerichtes zu entnehmen, dass in der Region zu dieser Zeit auf mehr als fünfhundert Äckern Kartoffeln angebaut wurden, die einen Ertrag von etwa 1300 Zentnern jährlich erbrachten. Diese schnelle Verbreitung der Kartoffel als Feldfrucht beruhte auf der Tatsache, dass die Bauern darauf beharrten, ihren Anbau „zehntfrei", also ohne Abgaben zu betreiben. Denn wie die schlauen Bauern wussten, waren Kartoffeln nicht als abgabepflichtige Anbaufrucht in den noch aus dem Mittelalter stammenden Zehntordnungen erwähnt.

Da gleichzeitig ein erheblicher Klimaeinbruch in Mitteleuropa – die Kleine Eiszeit genannt – den bis dahin in den Gebirgsregionen betriebenen Getreideanbau erheblich beeinträchtigte, wichen immer mehr Landwirte auf den Anbau von Kartoffeln aus, deren Ertrag das Überleben in schwierigen Zeiten sichern konnte. Deshalb kommen aus der Region so viele alte Kartoffelrezepte, die belegen, dass viele alte Mehlspeisen mit der Zeit aus einem in der Verarbeitung ähnlichen Kartoffelteig hergestellt wurden.

Auf dem Kartoffellehrpfad – Genusstour durch das Sechsämter Land

Der Kartoffelwanderweg beginnt bei einem ausgeschilderten Wanderparkplatz in Buchhaus. Von hier aus wandert man durch die abwechslungsreiche Feldflur über Großschloppen nach Reicholdsgrün, Raumetengrün und über Kirchenlamitz wieder zurück zum Ausgangspunkt. Wem die Strecke zu aufwändig ist, kann auch eine beschilderte und farbig ausgewiesene Abkürzung nehmen und wandert lediglich auf 7,5 Kilometern durch Wiesen und Felder. Ein Abstecher von ca. 3 Kilometern führt sie weiter zur Gemeinde Reicholdsgrün. Und wer nur ganz wenig Zeit mitbringt, wählt die Strecke von Großschloppen über Reicholdsgrün als Rundweg. Als Maskottchen begleitet sie eine Kartoffel – der Knolli – auf der Wegstrecke.

Genusstour Startpunkt: Buchhaus, Kirchenlamitz

Besonders schön ist der Kartoffellehrpfad im Juni und Juli während der Kartoffelblüte. In Großschloppen hat die Gemeinde im alten Buswartehäuschen ein Kartoffelmuseum eingerichtet, das man unbedingt besichtigen sollte. Auch in der Erntezeit, je nach Witterung und Sorte ab September, kann man viele authentische Einblicke in den Kartoffelanbau gewinnen. Am 2. Sonntag im September veranstaltet die Gemeinde Großschloppen ein historisches Kartoffelgraben. Die mitwirkenden Landwirte und Landfrauen tragen dazu Kittel und Arbeitsschürzen wie in vergangenen Jahrhunderten. Und natürlich wird rund um das Fest viel Unterhaltsames und Kulinarisches geboten.

Wanderkarte & mehr Infos:

Bänkstiezel

Kartoffel geht immer

Ein typisches Gericht der Kartoffelregion Fichtelgebirge, vor allem aber in und um Wunsiedel, ist der Bänkstiezel, eine Art Kartoffel-Hefekloß, der sowohl einfach nur mit Fett übergossen zu Fleisch und Gemüse gegessen wird oder traditionell als Einlage in einer guten Fleischbrühe. Man kann ihn aber auch in einer süßen Variante mit Zucker und gegebenenfalls mit Obstkompott servieren.

Die Bedeutung der Kartoffel als Grundnahrungsmittel Nummer 1 in alter Zeit zeigt sich in Franken an der Vielfalt ihrer Verwendung. Neben der beachtlichen Anzahl an Kloß-Rezepten spielen in vielen Regionen Oberfrankens Gerichte eine Rolle, bei denen rohe und gekochte Kartoffeln mit Eiern, Mehl und Hefe zu einem Teig verarbeitet werden. Diese Rezepte gehen meistens auf ältere Mehlspeisenrezepturen zurück und basieren auf der Erkenntnis, dass die enthaltene Kartoffelstärke mit Mehl und Eiweiß ein hervorragendes Bindemittel ergibt. So wurden nicht nur verschiedene Arten an Nudeln, Hefeklößen und Gugelhupfkuchen aus Kartoffelteig hergestellt, sondern in Notzeiten auch fehlendes Brotgetreide durch Kartoffeln zur Herstellung eines etwas klebrigen und wasserhaltigen Brotes ersetzt.

Kurzinfo

Wie viele Kartoffelspeisen werden Bänkstiezel süß und salzig verwendet. Man kann sie mit Butter übergossen, ähnlich wie eine Dampfnudel servieren, als Suppeneinlage zubereiten oder auch mit Zucker überstreuen und zu Kompott servieren.

TIPP: Bänkstiezel lassen sich in gebackener Form mehrere Tage aufbewahren!

Auch der Bänkstiezel gehört zu den vielen regional überlieferten Kartoffelrezepten, die früher regelmäßig die Alltagsküche bereicherten. Sein Rezept entspricht wohl in erster Linie dem überall herrschenden Grundgebot der Sparsamkeit. Dies tut seiner kulinarischen Raffinesse aber keinen Abbruch, so dass wir ihn auch heute noch als Bereicherung des Speisezettels empfehlen können.

Stilecht hergestellt wird der Bänkstiezel in einem Topf oder in einer Bratenpfanne oder auch in einer Emaille-, Gusseisen- oder Keramikform. Manchmal backt man ihn auch wie einen Blechkuchen, was seine ursprüngliche Verwandtschaft mit älteren Mehlspeisenrezepturen unterstreicht. So ersetzte man einen Teil des erforderlichen Mehls durch die überall verfügbaren Kartoffeln und kreierte, ob aus Sparsamkeitsgründen oder allein wegen des kulinarischen Reizes, eine Mischform, die in zahlreichen Varianten die Küche des nördlichen Frankens bereichert. Ein naher Verwandter des Bänkstiezels ist der Kartoffelstriezel aus dem Frankenwald.

Rezept | Bänkstiezel

Teig mit Mehl, Zucker, Milch und Hefe ansetzen und gehen lassen. Alle weiteren Zutaten zugeben, fest durchkneten.

Höheres Blech oder Pfanne dick mit Butterfett bestreichen und ausgewalzten Teigballen nochmals gehen lassen. Ca. 1 Stunde bei 180°C backen und anschließend die Oberfläche nochmals dick mit Butterfett bestreichen.

Zutaten

- 660 g Mehl, 1 Würfel Hefe, 1 Essl. Zucker, Salz und Anis
- 3 mittelgroße, am Vortag gekochte Kartoffeln (durchgepresst)
- 4 große, rohe Kartoffeln (gerieben, leicht ausgedrückt oder abgetropft)
- 1/4 Milch

WALDGASTSTÄTTE STEINHAUS

Waldgaststätte Steinhaus

Idylle im Grünen

Die Waldgaststätte Steinhaus im östlichen Fichtelgebirge ist ein Familienbetrieb mit mehreren Betriebszweigen, die sich gegenseitig ergänzen: Gaststätte mit Biergarten, Ferienwohnungen und Landwirtschaft. Das Wirtshaus wurde 1924 eröffnet. Beate und Thomas Wolf haben den Betrieb in dritter Generation 2004 übernommen. Ein Leitsatz ist: „Das Alte achten und respektieren, aber offen sein für Neues." Die hausgemachten Wurst- und Fleischspezialitäten werden nach den Rezepturen der Großeltern mit Steinsalz und ohne Geschmacksverstärker und künstliche Zusatzstoffe produziert. Wurstwaren im Glas sind in der Gaststätte erhältlich. Für die Gaststätte werden in der Landwirtschaft Weiderinder, Damwild und Strohschweine gehalten. Bereits einen Tag vor der Schlachtung werden die Rinder und Schweine zur 12 km entfernten Metzgerei Ruckdeschel gefahren. Fast alle zugekauften Zutaten und Getränke sind in Bio-Qualität. Der Betrieb ist Gründungsmitglied des Fränkischen Wurstreinheitsgebotes.

TIPP: Kuchen und Torten ausschließlich mit Dinkelmehl!

Hausmacher Wurst aus eigener Landwirtschaft

Das bodenständige Angebot umfasst hausgemachte Brotzeiten mit selbstgebackenem Roggenbrot. Kuchen und Torten mit Dinkelmehl werden in eigener Herstellung gebacken. Auf Vorbestellung gibt es am Sonntag Mittagessen – Speisekarte siehe Homepage. Im Biergarten (Selbstbedienung) fühlen sich Alt und Jung wohl. Eltern mit Kindern können im Bereich des Spielplatzes sitzen und haben dabei die Kleinen im Blick. Wer gerne längere Zeit im Fichtelgebirge bleiben möchte, kann in einer der beiden Ferienwohnungen seinen Urlaub verbringen. Verschiedene Wanderwege (z.B. der Fränkische Gebirgsweg) und Radwege führen direkt durch den Biergarten. Die Gaststätte hat sich auf Gruppen (bis max. 60 Personen) mit vorbestellten Brotzeiten und/oder zum Kaffeetrinken mit selbstgebackenen Torten und Kuchen spezialisiert.
Da die Gaststätte überwiegend als „Ein-Frau-Betrieb“ bewirtschaftet wird, bitte zur besseren Organisation bereits Kleingruppen ab 5 Personen anmelden.

Kontakt

Beate Wolf
Steinhaus 1, 95707 Thiersheim
Tel.: 09233-2366
Mobil: 0171-3408136
Mail: wolf-steinhaus@t-online.de
www.steinhaus-gasthaus.de

Öffnungszeiten

Fr, Sa 14 bis 20, So 12 bis 20,
Sep. bis Apr. bis ca. 18 Uhr
Familienfeiern und Gruppen
(ab 10 Pers.) nach Vereinbarung
auch außerhalb der Öffnungszeiten willkommen

PEMA Vollkorn-Spezialitäten KG

In 115 Jahren an die Weltspitze

1905 gründete Adam Leupoldt seine Konditorei und Lebküchnerei in Weißenstadt. Nach einer ersten Blütephase folgte nach dem Zweiten Weltkrieg ein Neustart als Zwei-Mann-Betrieb. Seitdem ging es stetig bergauf. Heute sind etwa 180 Mitarbeiter damit beschäftigt, täglich an die 40 Tonnen Vollkornbrot für über 80 Länder der Erde herzustellen. Dabei ist man jedoch immer der Philosophie des Gründers treu geblieben, „reines Brot" zu backen. Eigene Kontrolle sorgt für beste Rohstoffe, teils aus ökologi-schem Anbau. In der Firma wird das zuvor intensiv gereinigte Getreide in einem speziellen Verfahren nass gemahlen, was den Wirkstoffgehalt erhöht. Anschließend erfolgt ein schonender Backvorgang bei niedrigen Temperaturen und die Verpackung (ebenfalls in einem eigenen Verfahren, das den Verzicht auf Zusatzstoffe ermöglicht und trotzdem eine lange Frischhaltung und Schimmelschutz garantiert).

TIPP: Verkosten können Sie die guten Brote, aber auch weitere Spezialitäten, in den beiden Concept-Stores!

Philosophie

Die Concept-Stores „Laura" und „Franz" sind keine Brotgeschäfte im herkömmlichen Sinn, sondern Märkte für die Sinne und lohnen immer einen Abstecher. Erlebniswelten für Menschen, die Natürlichkeit und Authentizität in gleicher Weise schätzen wie überraschend Neues und denen Genuss ebenso wichtig ist wie Gesundheit.

LEUPOLDT

Die Tradition seit 1905 beginnt auch heute mit der Auswahl der besten Rohstoffe. Mandeln und Nüsse werden in einem besonderen Verfahren frisch geröstet und gemahlen. Zusammen mit echtem Lübecker Marzipan, edler Zartbitterschokolade, der einzigartigen LEUPOLDT Gewürzselektion und Vollkornmehl erhält der Lebkuchen seinen unvergleichlichen Geschmack.

Kontakt

Goethestraße 23, 95163 Weißenstadt
Tel.: 09253-8924
Fax: 09253-8940
Mail: info@lustaufvollkorn.de

www.lustaufvollkorn.de

Öffnungszeiten

Januar bis August
Mo bis Sa 10.00 – 17.00 Uhr

September bis Dezember
Mo bis Sa 10.00 – 18.00 Uhr

Brennsuppe

Nach Belieben verfeinern

„Der ist nicht auf der Brennsuppe daher geschwommen" gilt als sprichwörtliche Umschreibung einigermaßen solider Lebensverhältnisse. Auf der Brennsuppe schwamm demnach wohl derjenige, der sie auch aß, ein unbedeutender oder etwas beschränkter Mensch, der in relativ einfachen Verhältnissen lebte und sich mit einer schlichten Mehlsuppe zufrieden geben musste. Dennoch kann auch hier Schmalhans Küchenmeister sein und aus der schlichten Suppe einen schnell zubereiteten, würzigen Gaumengenuss zaubern.

Historisch betrachtet dürfte die Einbrenn- oder Mehlsuppe zu den ältesten Suppenrezepten überhaupt gehören, verwendet sie doch mit Mehl, Fett und Brühe Zutaten, die in den bäuerlichen und bürgerlichen Haushalten fast immer zu haben waren. Bevor sich unsere heutigen Frühstücksgewohnheiten mit Brötchen und Kaffee entwickelten, kochte man grundsätzlich Suppen zur ersten Tagesmahlzeit, wobei sich die Einbrennsuppe auf unterschiedliche Art mit Brühe, Wurstsuppe, Milch und Sauerrahm oder im äußersten Fall auch einfach nur mit Wasser anrichten ließ.

Kurzinfo

Suppen werden in Franken gerne zur Eröffnung einer Mahlzeit gegessen. Einbrennsuppen lassen sich mit Kräutern oder anderen Einlagen verfeinern und in kleinen Portionen servieren. An warmen Sommertagen ist ein Teller saure (Mehl-)Suppe auch eine vollwertige Mahlzeit.

TIPP: Wer möchte, kann die Fleischbrühe als Grundlage eingefroren oder auch in Gläsern eingekocht auf Vorrat halten!

Rezept | Brennsuppe

Aus etwa 1 kg frische Mark- und Suppenknochen, 1 – 2 Handvoll Supppengemüse, Salz, Pfeffer und etwas Kümmel wird eine gute Brühe gekocht. Das Mark aus den Knochen auslösen und alles durch ein feines Sieb streichen. 2 Esslöffel Schmalz erwärmen und 2 Esslöffel Mehl hineinstäuben. Um der Suppe Geschmack zu geben, wird das Mehl so lange erhitzt und aromatisiert, bis es schön anbräunt. Die Einbrenne vorsichtig unter die Knochenbrühe rühren, alles nochmals aufkochen und in tiefen Suppentellern servieren.

Mit Petersilie und etwas Speck verfeinern und mit gerösteten Brötchenwürfeln („Bröckala“) servieren. In den Sommermonaten wird diese Suppe auch gerne „sauer” gekocht. Dazu rührt man einige Löffel Sauerrahm unter die fertige Suppe und würzt sie mit aromatischen Kräutern.

Zutaten

Fleisch- oder Gemüsebrühe, 2 Essl. Mehl, 2 Essl. Fett, Suppengemüse, Suppengrün, Petersilie, Salz, Pfeffer, Majoran, evtl. etwas Speck, geröstete Brötchenwürfel, für die saure Variante zusätzlich einige Löffel Sauerrahm

GENUSSREGION OBERFRANKEN

Weitere Anbieter im Landkreis Wunsiedel

Metzgerei Tröger
Hofer Straße 1
95195 Röslau
Tel.: 09238-239
Fax: 09238-990780
Mail: info@metzgerei-troeger.de

genuss region WIR SPRECHEN KULINARISCH

Liebe Leserinnen und Leser,

nun sind wir am Ende dieses Buches angekommen, die Redaktion hat einige Kilos zugenommen, vermeintlich nur vom Anschauen der vielen unwiderstehlichen Bilder. Wir hoffen, Sie hatten schon Gelegenheit zum Ausprobieren und sind nun dabei, weitere Ausflüge und Genussreisen zu planen. Wir wünschen Ihnen dabei von Herzen alles Gute, Prost und immer guten Appetit!

Außerdem möchten wir denen danken, die dieses Buch möglich gemacht haben. Allen voran Dr. Bernd Sauer, der mit seinem unermüdlichen Einsatz Genussregion und Bierland Oberfranken überhaupt erst möglich gemacht hat. Ohne ihn gäbe es weder die beiden Vereine, noch die nationale und internationale Anerkennung, die sie mittlerweile genießen. Seine Arbeit unterstützt Geschäftsführer Norbert Heimbeck, der in jeder wachen Sekunde mit Genuss und Genießen beschäftigt zu sein scheint. Tägliche Posts in den sozialen Medien über seine Kochexperimente, Besuche und Reportagen lassen nur erahnen, wie sehr ihm dieses Thema mittlerweile ans Herz gewachsen ist. Ein weiterer wichtiger Baustein ist der VGN (namentlich Uli Büscher), der bisher fast jedes unserer mittlerweile über 40 Bücher unterstützt hat und auch hier wieder mit viel Engagement und Herzblut Pate steht. Zu guter Letzt sind da noch Sie, unsere Leser. Vielen Dank, dass Sie dazu beitragen, dass auch wir unser Werk immer weiter vorantreiben können. Wir versprechen, dieses Vertrauen mit jeder Auflage und Ausgabe aufs Neue zurückzugeben!

In diesem Sinne,
bis bald auf neuen Seiten ...

IMPRESSUM & KONTAKT ZUR REDAKTION

GuideMedia Verlag GbR

GUIDEMEDIA

Theatergassen 4, 96047 Bamberg
www.guidemedia.de
info@guidemedia.de
Tel. 0951 5194166
Fax 0951 2084263

ISBN-13: 978-3-981700-39-8

Produktion & Gestaltung:
GuideMedia GbR, Bamberg

Druck: Safner, Priesendorf

Vielen Dank an beteiligte Fotografen, Unternehmen und Autoren für bereitgestellte Daten. Besonders hervorzuheben: Martin Bursch (Fotos), Norbert Heimbeck, Uta Hengelhaupt.